||| フランス語 |||
最強の使える動詞 59

藤田 裕二
小林 拓也

駿河台出版社

Design: ⬢die
Illustrations: Eriko MAE

はじめに

　フランス語の語彙数は英語や日本語と比べると少ないと言われます．フランス語のグラン・ロベール辞典の見出し語数の約7万5千語は，オックスフォード英語辞典の約29万語，日本国語大辞典の約50万語に比べると確かに少ないと言えるでしょう．また日本語を1000語覚えても日常会話の60％しか理解できないのに対して，フランス語を1000語覚えれば日常会話の83％が理解できるという調査もあります．

　なぜフランス語は，英語や日本語に比べて少ない語彙数で用が足りるのでしょうか．

　それは，1つの語が担う意味が多いからというのが大きな理由です．例えば apprendre という単語を例にとってみましょう．apprendre は普通「学ぶ，習う」という意味で使われることの多い動詞ですが，「教える」という全く逆の意味でも用いられます．また「（ニュースなどを）知る」という意味もありますが，逆に「知らせる」という意味もあります．これでは誤解が生じないだろうかと不安になりますが，実際に使う場合は，「教える」や「知らせる」の場合は〈à 〜〉「〜に」という間接目的語が置かれ，間接目的語を取らない「学ぶ，知る」の意味との混同は避けられます．

　このことからわかるように，フランス語の単語，とりわけ動詞を使いこなすには，その動詞が他の文法要素，例えば主語や目的補語や状況補語などとどんな関係を取り結んでいるのかを知ることが重要なのです．apprendre をただ単に「学ぶ」と覚えるだけでは，実際に正しい運用はできないのです．

　このような動詞の用法については，もちろん辞書を引けば知ることができます．最近の日本の辞書は，そうした語の運用について大変詳しく説明しています．ただ辞書は説明がしばしば網羅的であり，私たち日本人がフランス人と日常的にコミュニケーションをする場

合にまず必要とされる用法がどれであるか，とりわけフランス語を学び始めてまだ日が浅い学習者にとってはよくわからないというのが実情なのではないでしょうか．

　そこで本書は，フランス語でコミュニケーションをするための基本的な表現を習得したいと願う学習者のために，日常的に使用頻度数の高い動詞を取り上げ，それらの動詞の用法を整理しました[1]．どんな前置詞を使うか，どんな目的語を取るか，実際にその動詞を使えるように具体的な例文を挙げ，その用法を詳しく説明しました．それぞれの動詞について「基本表現」と「こんな表現も覚えよう」の2つのパートをもうけていますが，前者はその動詞についてどうしても覚えなければならない重要な表現，後者は，さらに詳しくその動詞を知るために覚えておくといい表現です．また扱った動詞を使う和文仏訳の練習問題をもうけました．実際に使って用法をきちんと覚えてください[2]．

　動詞を自由に使いこなせるようになれば，フランス語で表現することがずっと楽に，楽しくなるはずです．本書が，フランス語を使えるようになりたいと願う学習者の一助になれば幸いです．

　本書の執筆にあたっては，駿河台出版社の上野名保子さんに大変お世話になりました．この場を借りて心より感謝申し上げます．

2013年春
著者

---

[1] 語彙論研究者のエティエンヌ・ブリュネが作成した，フランス語の動詞の使用頻度表の1位から50位までと，51位〜101位までの中の9つの，合わせて59の動詞を収録しました．1頁参照．
[2] 本書の執筆には，各種辞書，参考書，とりわけ *Dictionnaire du français langue étrangère. Niveau 2*, Larousse,1999,『ラルース仏和辞典』(白水社，2001),『プチ・ロワイヤル仏和辞典』(旺文社，2010) を参照させていただきました．

目次

はじめに　　　　　　　　　　　　　　　　　　　　　　　i

フランス語動詞の使用頻度順位表　　　　　　　　　　　　1

1位　être　　　〜である（英 be）　　　　　　　　　　2
　　　　　さ・え・ら　*Être et Avoir*

2位　avoir　　持っている（英 have）　　　　　　　　6
　　　　　さ・え・ら　Vous avez l'heure ?

3位　faire　　〜をする，作る（英 do, make）　　　　10
　　　　　さ・え・ら　Rien à faire !

4位　dire　　　言う（英 say）　　　　　　　　　　　14
　　　　　さ・え・ら　つなぎの表現

5位　pouvoir　できる，かもしれない（英 can, may）　18
　　　　　さ・え・ら　pouvoir と savoir

6位　aller　　行く（英 go）　　　　　　　　　　　　21
　　　　　さ・え・ら　Allez, les Bleus !

7位　voir　　　見える（英 see）　　　　　　　　　　25
　　　　　さ・え・ら　つなぎの表現

8位　vouloir　欲する（英 want）　　　　　　　　　　28
　　　　　さ・え・ら　Je veux bien.

9位　venir　　来る（英 come）　　　　　　　　　　　32
　　　　　さ・え・ら　「来なさい」のジェスチャー

10位　devoir　〜しなければならない（英 must）　　　35
　　　　　さ・え・ら　Je vous dois combien ?

　　　　まとめ①　1位〜10位　　　　　　　　　　　　　38

11位 prendre	取る（英 take）	40
	さ・え・ら　Je prends ça.	
12位 trouver	〜を見つける（英 find）	44
	さ・え・ら　trouver の同義語	
13位 donner	与える（英 give）	47
	さ・え・ら　派生語	
14位 falloir	〜が必要である，〜しなければならない（英 need, must）	50
	さ・え・ら　comme il faut	
15位 parler	話す（英 speak, talk）	53
	さ・え・ら　*Parlez-moi d'amour.*	
16位 mettre	置く（英 put）	56
	さ・え・ら　mettre と porter	
17位 savoir	知っている，できる（英 know）	59
	さ・え・ら　Que sais-je ?	
18位 passer	通る，過ごす（英 pass）	63
	さ・え・ら　passage	
19位 regarder	見る（英 look）	67
	さ・え・ら　regarder と voir	
20位 aimer	愛する，好む（英 love, like）	70
	さ・え・ら　beaucoup と bien	
━━ まとめ②　11位〜20位 ━━		74
21位 croire	〜だと思う，信じる（英 believe）	76
	さ・え・ら　フランスの宗教	

iv

22位 demander	頼む，尋ねる（英 ask）	79
	さ・え・ら　demander 〜 en mariage	
23位 rester	とどまる，残る（英 stay, remain）	82
	さ・え・ら　faux amis	
24位 répondre	答える（英 answer）	85
	さ・え・ら　réponse	
25位 entendre	聞こえる（英 hear）	88
	さ・え・ら　Entendu.	
26位 penser	考える，思う（英 think）	91
	さ・え・ら　『パンセ』	
27位 arriver	到着する（英 arrive）	94
	さ・え・ら　J'arrive !	
28位 connaître	知っている（英 know）	97
	さ・え・ら　Connais pas.	
29位 devenir	〜になる（英 become）	100
	さ・え・ら　devenir grand	
30位 sentir	感じる，におう（英 feel, smell）	103
	さ・え・ら　におい	
まとめ③　21位〜30位		106
31位 sembler	〜のように思われる（英 seem）	108
	さ・え・ら　〜するふりをする	
32位 tenir	持っている（英 hold, keep）	111
	さ・え・ら　Tiens ! / Tenez !	

v

33位 comprendre	理解する（英 understand）	115
	さ・え・ら　service compris	
34位 rendre	返す（英 return）	118
	さ・え・ら　ランデヴー	
35位 attendre	待つ（英 wait）	121
	さ・え・ら　en attendant	
36位 sortir	外へ出る（英 go out）	124
	さ・え・ら　partir と sortir	
37位 vivre	生きる（英 live）	127
	さ・え・ら　万歳！	
38位 entrer	入る（英 enter）	130
	さ・え・ら　入る	
39位 reprendre	再び取る（英 resume, take back）	133
	さ・え・ら　re (ré)	
40位 porter	持つ，身に付けている（英 carry, wear）	136
	さ・え・ら　porter と mettre	
まとめ④　31位〜40位		140
41位 chercher	探す（英 look for）	142
	さ・え・ら　*Chacun cherche son chat.*	
42位 revenir	戻って来る（英 come back）	144
	さ・え・ら　*Revenons à nos moutons.*	
43位 appeler	呼ぶ（英 call）	147
	さ・え・ら　appellation	

44位 mourir	死ぬ（英 die）	150
	さ・え・ら　mourir と décéder	
45位 partir	出発する（英 leave, start）	153
	さ・え・ら　しみが落ちる	
46位 jeter	投げる，捨てる（英 throw）	156
	さ・え・ら　jetable	
47位 suivre	ついて行く，従う（英 follow）	159
	さ・え・ら　e-mail (courriel)	
48位 écrire	書く（英 write）	162
	さ・え・ら　C'est écrit.	
49位 monter	登る（英 go up）	165
	さ・え・ら　monter à vélo	
50位 tomber	倒れる，落ちる（英 fall）	168
	さ・え・ら　試験に落ちる	
まとめ⑤　41位〜50位		172
52位 arrêter	止める（英 stop）	174
	さ・え・ら　Arrête !	
55位 paraître	〜のように見える（英 appear）	177
	さ・え・ら　À paraître.	
58位 permettre	許す，可能にする（英 permit, allow）	180
	さ・え・ら　Permettez ? / Vous permettez ?	
64位 servir	仕える，役立つ（英 serve, be used for）	183
	さ・え・ら　Vous êtes servi(e) ?	
65位 finir	終える，終わる（英 finish, end）	186
	さ・え・ら　proverbes（ことわざ）	

81位 présenter 紹介する，提示する（英 introduce, present） **189**
 さ・え・ら　紹介のマナー

86位 apprendre 学ぶ，教える（英 learn, teach） **192**
 さ・え・ら　apprendre と étudier

97位 compter 数える（英 count） **195**
 さ・え・ら　数え方のジェスチャー

101位 travailler 働く（英 work） **198**
 さ・え・ら　働くということ

―― **まとめ⑥** ―― **202**

ミニ文法　　**204**
1. 基本文型
2. 直説法現在の活用
3. 動詞の時制と法
 1) 直説法複合過去　2) 直説法半過去　3) 直説法単純未来
 4) 条件法現在　　　5) 接続法現在　　6) 命令法
4. 代名動詞
5. 受動態
6. 現在分詞とジェロンディフ
7. 過去分詞の性数の一致
8. 話法の転換
9. 時制の一致

練習問題解答　　**212**

動詞 alphabet 順索引　　**227**

viii

～フランス語動詞の使用頻度順位表～

本書では1位〜50位までと，51位〜101位までの中の9つ（赤字で示した動詞）の，
合わせて59の動詞を収録しました．

1 être	27 arriver	51 ouvrir	77 descendre
2 avoir	28 connaître	52 arrêter	78 cacher
3 faire	29 devenir	53 perdre	79 poser
4 dire	30 sentir	54 commencer	80 tirer
5 pouvoir		55 **paraître**	
6 aller	31 sembler	56 marcher	81 **présenter**
7 voir	32 tenir	57 lever	82 ajouter
8 vouloir	33 comprendre	58 **permettre**	83 agir
9 venir	34 rendre	59 asseoir	84 retrouver
10 devoir	35 attendre	60 écouter	85 offrir
	36 sortir		86 **apprendre**
11 prendre	37 vivre	61 monter	87 tuer
12 trouver	38 entrer	62 apercevoir	88 retourner
13 donner	39 reprendre	63 recevoir	89 rencontrer
14 falloir	40 porter	64 servir	90 envoyer
15 parler		65 finir	91 dormir
16 mettre	41 chercher	66 rire	92 pousser
17 savoir	42 revenir	67 crier	93 rappeler
18 passer	43 appeler	68 jouer	94 lire
19 regarder	44 mourir	69 tourner	95 changer
20 aimer	45 partir	70 garder	96 essayer
	46 jeter		97 **compter**
21 croire	47 suivre	71 reconnaître	98 occuper
22 demander	48 écrire	72 quitter	99 expliquer
23 rester	49 monter	73 manger	100 frapper
24 répondre	50 tomber	74 courir	101 **travailler**
25 entendre		75 continuer	
26 penser		76 oublier	

Éduscol: Fréquence d'utilisation des mots de la langue écrite
http://eduscol.education.fr/cid47917/liste-des-mots-classee-par-nature-et-par-frequence-decroissante.html
による．(2013/02/26)

エートル
être

〜である（英 be）

直説法現在の活用

je suis （ジュ スュイ）	nous sommes （ヌ ソム）
tu es （テュ エ）	vous êtes （ヴ ゼット）
il est （イ レ）	ils sont （イル ソン）

複合過去：j'ai été （ジェ エテ）　　半過去：j'étais （ジェテ）
単純未来：je serai （ジュ スレ）　　接続法現在：je sois （ジュ ソワ）

être は本来の動詞としての他に，助動詞や非人称動詞としても用いられ，フランス語の動詞の中でもっともよく使われる重要な動詞と言っていいでしょう．本来の動詞として使われる場合は，主語と属詞（名詞や形容詞など）を結んで「〜は〜である」というのが基本的な用法．その他に前置詞をともなって，場所や所属や性質等，様々な意味を表します．

基本表現

être ＋属詞（名詞，形容詞など）　〜である

- Il est avocat.　　　　　　　　　彼は弁護士です．
  イ レ　タヴォカ

  注：être の後に置かれる名詞や形容詞を属詞と言います．属詞が職業を表す名詞のときは冠詞を付けません．ただし ce が主語のときは冠詞を付けます．C'est un avocat.

- Il sera professeur comme son père.
  イル　スラ　プロフェスール　コム　ソン　ペール
  彼は父親のように教師になるだろう．

  注：être は未来形で使われて「〜になる」の意味にもなります．

être + 前置詞（en, à など）〜　　〜にいる，ある

- Pierre est en France.　　　ピエールはフランスにいます．
  ピエー　レ　タン　フラーンス

注：場所を表す前置詞や副詞とともに用いて「〜にいる，ある」という意味になります．sur la table「机の上に」，chez lui「彼の家に」，dans un restaurant「レストランに」，au Japon「日本に」，là「あそこに」など．

être à + 名詞（人）　　〜のものである

- Cette voiture est à mon frère.　この車は兄（弟）のです．
  セット　ヴォワテュー　レ　タ　モン　フレール

注：être à 〜 で「〜のものである」という所有を表します．

être de + 名詞（場所・人）　　〜の出身である，〜に属している

- Il est du Midi.　　　彼は南仏出身だ．
  イ　レ　デュ　ミディ

- Cette statue est de Rodin.　この彫像はロダンの作だ．
  セット　スタテュ　エ　ドゥ　ロダン

注：être de 〜 は出身や所属を表します．

être en + 名詞（服装・材料・状態など）〜を着ている，〜製である，〜している

- Elle est en uniforme.　　彼女は制服を着ている．
  エ　レ　タン　ニュニフォルム

- Cette chemise est en coton.　このワイシャツは木綿だ．
  セット　シュミー　ゼ　タン　コトン

- Il est en colère.　　彼は怒っている．
  イ　レ　タン　コレール

注：être en 〜 で服装，材料，状態などを表します．前置詞 en の後は無冠詞です．

il est + 時刻　　〜時である

- Il est huit heures et demie.　8 時半です．
  イ　レ　ユイ　トゥール　エ　ドゥミ

注：être は il（口語ではしばしば ce）とともに用いられて非人称構文を作ります．時刻の言い方などに用います．

il est +形容詞+ de +不定詞　　〜するのは〜だ

- Il est impossible d'accepter cette demande.
  イ　レ　タンポスィーブル　　ダクセプテ　　　セット　　ドゥマンド
  その要求は受け入れられない．

  注：il は de 以下の事柄を受けています．

こんな表現も覚えよう

avoir été +前置詞 (à, en など)〜　〜に行った，行ったことがある

- J'ai été à Paris l'année dernière.　　昨年はパリに行きました．
  ジェ　エテ　ア　パリ　　ラネ　　デルニエール

  注：être は複合過去形で用いられて「行った」という完了，あるいは「行ったことがある」という経験を表します．

c'est à +名詞（人）+ de +不定詞　　〜するのは〜の番だ

- C'est à vous de jouer.　　　　あなたの番ですよ．
  セ　タ　ヴ　ドゥ　ジュエ

  注：C'est を省略することもあります．À vous de jouer.

y être　　　　　　　　　　　わかる，用意ができている

- Ça y est !　　　　　　　　　うまくいった，これでよし！
  サ　イ　エ

  注：首尾よくいったとき，口語でよく用いられる表現です．レストランで食事が終わった後，店の人によく Ça y était? と尋ねられます．「満足しましたか？」くらいの意味です．

練習問題① Exercices

être を用いてフランス語にしましょう．

1) 彼は 5 年後に医者になるだろう．（～後に：dans ～）

2) この本は誰のですか？

3) あなたはリヨン（Lyon）に行ったことがありますか？

4) その問題を解くのは難しい．（解く：résoudre）

5) 今度はあなたが歌う番ですよ．

（答えは p. 212）

さ・え・ら ÇÀ ET LÀ

Être et Avoir

　ニコラ・フィリベール監督の『ぼくの好きな先生』（2002 年）の仏題は *Être et Avoir*. フランスのオーベルニュ地方の小さな小学校で教鞭を取る教師と 13 人の生徒たちの心温まる交情をつづったドキュメンタリー映画です．être と avoir はフランス語の最も基本的な 2 つの動詞．原題は，教育の基本ということを象徴しているとも，「存在と所有」という人間存在の根本を象徴しているとも，様々な解釈が可能でしょう．

アヴォワール
avoir

持っている（英 have）

直説法現在の活用

j' ai　（ジェ）　　　　nous avons　（ヌ ザヴォン）
tu as　（テュ ア）　　vous avez　（ヴ ザヴェ）
il a　（イラ）　　　　ils ont　（イル ゾン）

複合過去：j'ai eu（ジェ ユ）　　半過去：j'avais（ジャヴェ）
単純未来：j'aurai（ジョレ）　　接続法現在：j'aie（ジェ）

　avoir は être と並んで最もよく使われる動詞です．基本は「持っている」という「所有」を表しますが，その対象によっては状態，年齢，経験などを表すこともあり，「持っている」という訳だけではピンとこない場合があることに注意してください．また avoir は複合時制で助動詞として使われるというのも重要な点です．

基本表現

avoir ＋名詞（人・物事）　　〜を持っている，〜がある

- Il a deux maisons.　　彼は家を 2 軒所有しています．
  イラ　ドゥ　メゾン
  注：avoir の基本的意味は「〜を所有している」．人について言うなら，例えば J'ai deux frères.「兄弟が 2 人います」．

- Je n'ai pas le temps de dormir.　私は寝る暇がありません．
  ジュ ネ　パ　ル　タン　ドゥ ドルミール
  注：時間や場所が目的語の場合は「〜がある」と訳す方が自然です．

avoir

avoir ＋名詞（身体の特徴）　　　～である

- Elle a les yeux bleus.　　　　彼女は青い目をしている．
  エラ　レ　ズュー　ブルー

  注：avoir の後に身体の部位を表す語を持ってきて「～である」という状態を表します．avoir une moustache「口ひげをたくわえている」．

avoir ＋名詞（心身の状態）　　　～である

- Il a de la fièvre.　　　　彼は熱がある．
  イラ　ドゥ　ラ　フィエーヴル

  注：心身の状態を表すときも avoir を用います．avoir un rhume「風邪をひいている」．心身の状態を尋ねる Qu'est-ce que tu as?「どうしたの？」という表現，その応答として例えば J'ai mal à la tête.「頭が痛い」という表現も覚えるといいでしょう．

avoir ＋数詞＋ an(s)　　　～歳である

- Quel âge avez-vous?　　　　あなたは何歳ですか？
  ケ　ラージュ　アヴェ　ヴ

- — J'ai vingt ans.　　　　20 歳です．
  ジェ　ヴァン　タン

  注：「～歳である」と年齢を言うときは avoir を用います．

il y a ＋名詞（人・物・動物）　　　～がいる，ある

- Il y a un chat sur la table.　　　　テーブルの上に猫が 1 匹います．
  イリヤ　アン　シャ　スュール　ラ　ターブル

  注：avoir が非人称動詞として使われて il y a ～「～がある，いる」という表現になります．英語の there is (are) にあたる表現です．人も物も，また単数名詞も複数名詞も来ます．

avoir besoin de ＋名詞（物・人）　～が必要だ

- J'ai besoin de votre aide.　　　　私はあなたの助けが必要です．
  ジェ　ブゾワン　ドゥ　ヴォートル　レード

  注：avoir の後に無冠詞名詞を持ってきて様々な動詞句になります．次のような表現も覚えるといいでしょう．
  avoir envie de ～　　　～が欲しい
  avoir peur de ～　　　～が怖い

avoir honte de 〜　　　〜が恥ずかしい
この無冠詞名詞には très などの強調を表す副詞を付けることができます．

- **J'ai très faim.**　　　　　　　とてもお腹がすいています．
  ジェ　トレ　ファン

  他にも次のような表現があります．
  avoir soif　　　　　　のどがかわいている
  avoir chaud（froid）　暑い（寒い）
  avoir raison（tort）　正しい（間違っている）
  avoir sommeil　　　　眠い

こんな表現も覚えよう

avoir eu ＋名詞（物事）　　　〜をした，〜を得た

- **Il a eu un accident de voiture terrible.**　彼はひどい自動車事故にあった．
  イ　ラ　ユ　アン　ナクスィダン　ドゥ　ヴォワテュール　テリーブル
  注：複合過去形で「〜をした」という経験を表すことができます．

avoir ＋名詞（人・物）＋ à ＋不定詞　〜すべき〜がある（しなければならない）

- **J'ai une lettre à écrire.**　　　　私は手紙を1通書かなければならない．
  ジェ　ユヌ　レット　ラ　エクリール
  注：「〜しなければならない」という義務を表す表現です．devoir を使って Je dois écrire une lettre. と言い換えることができます．

avoir beau ＋不定詞　　　　いくら〜しても無駄である

- **J'ai beau crier, on ne m'écoute pas.**　いくら叫んでも耳を傾けてくれない．
  ジェ　ボ　クリエ　オン　ヌ　メクット　パ
  注：どうして無駄なのかを説明する文が続くのが普通です．ここでは「誰も耳を傾ける人がいないから」という文が続いています．

n'avoir qu'à ＋不定詞　　　〜しさえすればよい

- **Vous n'avez qu'à me téléphoner.**　あなたは私に電話しさえすればよい．
  ヴ　ナヴェ　カ　ム　テレフォネ
  注：間違えやすい表現に n'avoir pas à ＋不定詞があり，こちらは「〜する必要はない」．

- **Vous n'avez pas à revenir.**　　　戻って来るにはおよびません．
  ヴ　ナヴェ　パ　ア　ルヴニール

en avoir assez　　　　　うんざりだ

- J'en ai assez.　　　　私はもううんざりだ．
  ジャン ネ アセ

  注：くだけた言い方では J'en ai marre. とも言います．

練習問題② Exercices

avoir を用いてフランス語にしましょう．

1) 私は猫と犬を1匹ずつ飼っています．

2) 私は買い物をする時間がありません．（買い物をする：faire les courses）

3) 彼女は髪が長い．

4) 私は何もすることがありません．

5) 空港に行くにはタクシーに乗りさえすればいいですよ．

（答えは p. 212）

さ・え・ら　ÇÀ ET LÀ

Vous avez l'heure ?

相手の持っている時計の時刻を尋ねるとき，Vous avez l'heure ? という言い方があります．「時間を持っていますか？→今何時かわかりますか？」といったニュアンスです．J'ai 〜 heure(s). あるいは Il est 〜 heure(s). と答えます．

avoir

faire (フェール)

3位

〜をする，作る（英 do, make）

直説法現在の活用

je	fais	（ジュ フェ）	nous	faisons	（ヌ フゾン）
tu	fais	（テュ フェ）	vous	faites	（ヴ フェット）
il	fait	（イル フェ）	ils	font	（イル フォン）

複合過去：j'ai fait （ジェ フェ）　　半過去：　　je faisais （ジュ フゼ）
単純未来：je ferai （ジュ フレ）　　接続法現在：je fasse （ジュ ファス）

　　faire は「〜をする」「〜を作る」を主な意味として，極めて多義的な意味を持つ語です．本来の動詞としての用法の他に，天候を表す場合の非人称動詞や「させる，してもらう」という使役動詞としても使われます．また熟語的な表現の中でもよく使われる動詞です．

基本表現

faire ＋名詞（スポーツ・学問など）　〜をする

- Qu'est-ce que vous faites?　　あなたは何をしていますか？
  （ケ ス ク ヴ フェット）

- ー Je fais du tennis.　　ー私はテニスをしています．
  （ジュ フェ デュ テニス）

注：「〜をする」という場合，後ろに来る名詞に付く冠詞は慣用的に決まっています．例えばスポーツ，学問，活動などを表す名詞には部分冠詞が来ます．faire du sport「スポーツをする」，faire du français「フランス語を学ぶ」，faire du piano「ピアノを弾く」，faire du théâtre「演劇をやる」など．それに対して家事に関することは多く定冠詞です．faire la vaisselle「皿洗いをする」，faire le ménage「掃除をする」，faire la cuisine「料理をする」．不定冠詞の場合もあります．faire une promenade「散歩する」．

- Qu'est-ce que vous faites dans la vie ?　　仕事は何をなさっていますか？
  ケ　ス　ク　ヴ　フェット　ダン　ラ　ヴィ
  注：Qu'est-ce que vous faites ? は「何をしていますか？」つまり今している仕事を尋ねる意味になることもあります．この意味の場合は例文のように dans la vie や，あるいは comme profession を付け加えればはっきりするでしょう．Je suis dessinateur.「イラストレーターです」，あるいは Je travaille dans une banque.「銀行に勤めています」のように答えます．

faire　　　　　　　　　　　する

- Faites comme chez vous.　　どうぞお楽に．
  フェット　コム　シェ　ヴ
  注：直訳すれば「自分の家にいるようになさってください」．このように目的語なしで「する」という意味で使われます．

faire +名詞（人・物）　　　　～を作る，生み出す

- Ils ont fait deux enfants.　　彼らは子供を2人もうけた．
  イル　ゾン　フェ　ドゥ　ザンファン
  注：faire を用いて「～を作る,生み出す」という意味になりますが,その目的語は様々です．faire un gâteau「ケーキを作る」, faire une erreur「失敗をする」, faire du bruit「音をたてる」など．

il fait +形容詞　　　　　　　天気は～である

- Il fait beau aujourd'hui.　　今日は天気がいい．
  イル　フェ　ボ　オジュルデュイ
  注：faire は非人称動詞として使われ，il fait ～で天候を表す言い方になります．Quel temps fait-il?「どんな天気ですか？」, Il fait mauvais (chaud, froid).「天気が悪い（暑い，寒い）」など．

faire +不定詞　　　　　　　～させる

- Il a fait venir son frère.　　彼は兄（弟）を来させた．
  イラ　フェ　ヴニール　ソン　フレール
  注：faire の後に不定詞を持ってくると「～させる」という使役の意味になります．不定詞の目的語が補語人称代名詞の場合は faire の前に置きます．Je l'ai fait venir.「私は彼を来させた」

こんな表現も覚えよう

faire ＋数量　　　　　　　　　　　　　〜になる

- Ça fait combien en tout ?　　　　　　全部でいくらになりますか？

  注：faire は「(値段，重さ，長さ，計算の結果など) 〜になる」という意味でも用いられます．Ce colis fait deux kilos.「この小包は 2 キロになります」．Deux plus cinq font sept.「2 + 5 は 7」．

- Ça fait trois ans qu'il travaille ici.　　彼がここで働いて 3 年になる．

  注：ça fait 〜 que 〜 で「〜してから〜になる」という意味でよく使われる構文です．

faire ＋形容詞　　　　　　　　　　　　〜に見える

- Elle fait jeune pour son âge.　　　　　彼女は年のわりに若く見える．

  注：形容詞の他に無冠詞名詞が来る場合もあり，Elle fait très femme. なら「彼女はとても女性的だ」となります．

ne faire que ＋不定詞　　　　　　　　　〜してばかりいる

- Il ne fait que travailler tous les jours.　彼は毎日仕事ばかりしている．

  注：faire を用いたよく使われる成句的表現です．

se faire ＋不定詞　　　　　　　　　　　〜される，してもらう

- Elle s'est fait voler son passeport.　　彼女はパスポートを盗まれた．

- Je me suis fait couper les cheveux.　　私は髪を切ってもらった．

  注：se faire 〜 という代名動詞は「〜される」という受け身の意味，あるいは「自分に〜してもらう」という使役の意味になります．

練習問題 ③   Exercices

faire を用いてフランス語にしましょう.

1) 午後散歩するつもりです.

2) 昨日はとても暑かった.

3) 彼女はポールを長く待たせた.

4) 彼が出かけてから 2 時間になります.

5) 彼は医者に検査してもらった.（検査する：examiner）

(答えは p. 212)

さ・え・ら ÇÀ ET LÀ

• Rien à faire !

「どうしようもない，お手上げだ」というときのセリフが Rien à faire ! です.
このときフランス人は，両手の手のひらを上にむけて，肩のあたりまで上げるジェスチャーをよくします.

dire ディール

4位

言う（英 say）

直説法現在の活用

je	dis （ジュ ディ）		nous	disons	（ヌ ディゾン）
tu	dis （テュ ディ）		vous	dites	（ヴ ディット）
il	dit （イル ディ）		ils	disent	（イル ディーズ）

複合過去：j'ai dit　（ジェ ディ）　　半過去：　　je disais　（ジュ ディゼ）
単純未来：je dirai　（ジュ ディレ）　　接続法現在：je dise　　（ジュ ディーズ）

　dire は使われる頻度の最も高い動詞の1つです．基本は「言う」という意味ですが，構文的には名詞や動詞，節を従えて様々な表現が可能になります．また熟語的な表現も非常に多い動詞です．

― 基本表現 ―

dire ＋名詞（挨拶など）＋ à ＋名詞（人）　～に～と言う

- **Dis** bonjour à ton oncle.　　　おじさんに挨拶しなさい．
  ディ　ボンジュー　ラトン　ノンクル
  注：dire bonjour で「こんにちはと言う，挨拶をする」という意味になります．

- J'ai quelque chose à te **dire**.　　君に言うべきことがある．
  ジェ　ケルク　ショーズ　ア トゥディール
  注：à＋不定詞は「～すべき」．quelque chose à te dire で「君に言うべきこと」．

dire à ＋名詞（人）＋ que ＋直説法　～に～と言う

- Il m'**a dit** qu'il était malade.　　彼は私に病気だと言った．
  イル　マ ディ　キ　レテ　マラド

dire

注：間接話法の文です．直接話法で言えば Il m'a dit : « Je suis malade. » que の後で il était malade と半過去形になっているのは，主節が過去の場合，時制の一致をしなければならないからです．また，que の代わりに次の例のように où や comment などの疑問詞を使うこともできます．

- Dites-moi où vous l'avez vu.　どこで彼を見かけたか言ってください．
ティット　モワ　ウ　ヴ　ラベ　ヴュ

dire à +名詞（人）+ de +不定詞　　〜に〜するように言う

- Elle me dit de l'attendre.　　彼女は私に待つように言っている．
エル　ム　ティ　ドゥ　ラターンドル

注：命令文を間接話法で言うときにこの構文を用います．

dire +名詞（物・人）　　　　　　〜と言う

- Comment dit-on « neko » en français ?
コマン　ディ　トン　ネコ　アン　フランセ

フランス語で「猫」のことを何と言いますか？

注：他の言語で何というか尋ねるとき，よく使われる表現です．

vouloir dire +名詞（物事）　　　〜を意味する

- Qu'est-ce que ça veut dire, « H.L.M. » ?　H.L.M. ってどういう意味ですか？
ケ　ス　ク　サ　ヴ　ディール　アシェレム

－ Ça veut dire « habitation à loyer modéré ».
サ　ヴ　ディール　アビタスィヨン　ア　ロワイエ　モデレ

「低家賃集合住宅」という意味です．

注：語の意味を問うとき，よく用いられる言い回しです．

こんな表現も覚えよう

que + dire de +名詞（物事）　　　〜についてどう思う

- Que dites-vous de cette proposition ?　この提案をどう思いますか？
ク　ティット　ヴ　ドゥ　セット　プロポズィスィヨン

注：dire を条件法現在にして Que diriez-vous de dîner en ville ? のように言うと「外で夕食を食べませんか？」という勧誘の意味になります．

dire

(物事が主語で) dire que +直説法 / 名詞（物事）　～を告げる，思い出させる

- La météo dit qu'il fera beau demain.　天気予報は明日晴れだと告げている．
  ラ　メテオ　ディ　キル　フラ　ボ　ドゥマン

  注：物や事柄が dire の主語になることがあり，「～を報じる，告げる」という意味になったり，あるいは下の例のように「思い出させる」の意味になることもあります．

- Ce nom me dit quelque chose.　　その名前は聞き覚えがある．
  ス　ノン　ム　ディ　ケルク　ショーズ

on dit que +直説法　　　　　　　　　～だそうだ

- On dit qu'il est célibataire.　　彼は独身だそうだ．
  オン　ディ　キ　レ　セリバテール

  注：on dit que ～ で伝聞を表し，「～だそうだ，～という噂だ」の意味になります．

on dirait +名詞（人・物）　　　　　まるで～のようだ

- On dirait une princesse.　　まるでお姫様のようだ．
  オン　ディレ　ユヌ　プランセス

  注：dire の条件法現在を使うと「まるで～のようだ」の意味になります．On aurait dit ～ と条件法過去にすれば「まるで～のようだった」．

ça te dit de +不定詞　　　　　　　　～するのはどうだろう？

- Ça te dit de prendre un verre?　　一杯飲むのはどう？
  サ　トゥ　ディ　ドゥ　プラーンド　ラン　ヴェール

  注：何かを人に提案して，相手の意向を確かめるとき会話でよく使われます．de 以下を省略する言い方もあります．Ça te dit?「どうだろう？」．

練習問題④ Exercices

dire を用いてフランス語にしましょう．

1) 君には本当のことを言おう．

2) あなたがいつ日本に来るか言ってください．

3) 彼は私にすぐ来るように言った．（すぐに：tout de suite）

4) それには何の意味もありません．

5) 彼の結婚をあなたはどう思いますか？

（答えは p. 212）

さ・え・ら ÇÀ ET LÀ

つなぎの表現

dire は会話をつなぐ表現の中でよく使われます．「何と言うか…」のように，言いたいことを探すときは Comment dire ? Comment dirais-je ? などとよく言います．また，相手の注意を引きたいときは「ねえ，ちょっと」Dis. Dites. 驚いたときは「へえ」Dis donc. などもよく用いられます．

pouvoir
プヴォワール

5 位

できる，かもしれない（英 can, may）

直説法現在の活用

je	peu**x**	（ジュ プ）	nous	pouv**ons**	（ヌ プヴォン）
tu	peu**x**	（テュ プ）	vous	pouv**ez**	（ヴ プヴェ）
il	peu**t**	（イル プ）	ils	peuv**ent**	（イル プーヴ）

複合過去：j'ai p**u** 　（ジェ ピュ）　　半過去：　 je pouv**ais** （ジュ プヴェ）
単純未来：je pourr**ai** （ジュ プレ）　　接続法現在：je puiss**e** （ジュ ピュイス）

pouvoir はその後に不定詞を従えて「～することができる」「～してもよい」「～かもしれない」などの意味を表します．英語の can, may にあたると考えていいでしょう．現在形の je peux の倒置形は puis-je という形になり，「～してもいいですか？」という許可を求める言い方でよく使われます．

─ 基本表現 ─

● pouvoir ＋不定詞　　　　　　　　～することができる

- **Il peut venir ce soir.**　　　　　　彼は今晩来ることができます．
  イル プ　ヴニール ス ソワール

  注：不定詞を伴って「～することができる」．英語の can にあたるこの動詞の基本的用法です．

● pouvoir ＋不定詞　　　　　　　　～してもよい

- **Vous pouvez utiliser ma voiture.**　私の車を使ってもいいですよ．
  ヴ　プヴェ　ユティリゼ　マ　ヴォワテュール

pouvoir

- Ici, on ne peut pas prendre de photos.　ここで写真を撮ってはいけません．

  注：英語の may にあたり，「〜してもよい」という許可を表しています．否定形は，「〜してはいけない」という禁止になります．

pouvoir + 不定詞　　　　　　　　　〜かもしれない，〜しうる

- Ça peut bien être.　　　　　　　　それはありうることだ．

- Il peut avoir cinquante ans.　　　彼は 50 歳くらいだろう．

  注：「〜かもしれない」という推測を表す用法です．否定形になると，「〜のはずがない」という意味になります．Ça ne peut pas être vrai. は「本当のはずがない」．

pouvoir + 不定詞　　　　　　　　　（疑問文で）〜してくれますか？

- Tu peux me donner un coup de main ?　ちょっと手伝ってくれる？

- Pourriez-vous attendre un peu ?　少々お待ちいただけますか？

  注：主語が 2 人称の疑問文で，相手への依頼を表します．2 番目の例のように，条件法現在を使うとより丁寧な言い方になります．

こんな表現も覚えよう

pouvoir　　　　　　　　　　　　　（不定詞なしで）〜できる

- Venez quand vous pouvez.　　　　来られるときに来てください．

- Il peut ce qu'il veut.　　　　　　　彼はしたいことができる．

  注：不定詞を伴わない表現もよく用いられます．最初の例文では動詞 venir の反復が避けられています．2 番目の例文では pouvoir は pouvoir faire の意味です．

n'en pouvoir plus　　　　　　　　もうだめである

- Je n'en peux plus.　　　　　　　　もうだめだ．

  注：「(疲れて) もう限界だ」「もううんざりだ」という意味でよく使われる成句的表

pouvoir

現です．

(il, cela, ça が主語で) se pouvoir　〜かもしれない

- Ça se peut.
  サ　ス　プ
  そうかもしれない．

- Il se peut qu'il pleuve.
  イル ス　プ　キル　プルーヴ
  雨が降るかもしれない．

注：2番目の例文のような Il se peut que ＋接続法の形もよく使われます．

練習問題⑤　Exercices

pouvoir を用いてフランス語にしましょう．

1) 少しは寝られた？

2) 入ってもいいですか？（倒置形を使って）

3) 芝生の上を歩いてはいけません．（芝生：la pelouse）

4) 至急ご返信願えますか？（返信する：répondre．至急：dès que possible）

5) ソフィー（Sophie）は病気かもしれない．（Il se peut que 〜を使って）

（答えは p. 213）

さ・え・ら　ÇÀ ET LÀ

- **pouvoir と savoir**

「できる」という意味の動詞には savoir もありますが，savoir は「能力や技能」，pouvoir は「都合や現状での可能性」を表す場合に用います．例えば，Je ne sais pas nager. は「カナヅチだ」，それに対して Je ne peux pas nager aujourd'hui. は「今日は泳げない」です．後者は，泳ぎ方は知っているが，体調などの関係で今日は泳げないという意味になります．

aller
アレ

行く（英 go）

直説法現在の活用

je vais （ジュ ヴェ）	nous allons	（ヌ ザロン）
tu vas （テュ ヴァ）	vous allez	（ヴ ザレ）
il va （イル ヴァ）	ils vont	（イル ヴォン）

複合過去：je suis allé(e) （ジュ スュイ ザレ）　　半過去：　　j'allais （ジャレ）
単純未来：j'irai　　　　　　　（ジレ）　　　　　接続法現在：j'aille （ジャイユ）

　aller の基本的な意味はもちろん「行く」です．前置詞をともなって「〜に行く」，不定詞をともなって「〜しに行く」をまず覚えてください．その他「調子がいい」「〜に似合う」なども日常よく使われる用法です．そして近接未来の用法や命令的な意味になる場合も要注意です．

基本表現

aller ＋前置詞（à, en, chez など）〜　　〜に行く

- Je vais à Rouen demain.　　　　　　　明日ルーアンに行きます．
  ジュ ヴェ ア ルアン ドゥマン

- Je vais au bureau cet après-midi.　　今日の午後オフィスに行きます．
  ジュ ヴェ オ ビュロ セ タプレ ミディ
  注：前置詞 à の後に定冠詞 le, les が来ると，縮約して au, aux になることに注意．
  aux toilettes「トイレに」．

- Il va au Canada cet été.　　　　　　　彼はこの夏カナダに行きます．
  イル ヴァ オ カナダ セ テテ

- Elle va en France cet automne.　　　彼女はこの秋フランスに行きます．
  エル ヴァ アン フランス セ トトーヌ

aller　**21**

注：「〜の国に」という場合，女性名詞および母音で始まる単数男性名詞の国は en ＋ 国名，それ以外は au（aux）＋国名です．「中国に」→ en Chine,「イランに」→ en Iran,「日本に」→ au Japon,「アメリカ合衆国に」→ aux États-Unis

- Je vais chez le médecin.　　　　私は医者に行きます．
  ジュ ヴェ シェ ル メドゥサン

  注：人を表す名詞で「〜のところに」は chez を使います．「パン屋に」→ chez le boulanger. cf. à la boulangerie（店の場合）

aller ＋不定詞　　　　　　　　　　〜しに行く

- Allons voir un film ce soir.　　　今晩映画を見に行きましょう．
  アロン ヴォワール ラン フィルム ス ソワール

  注：「〜をしに行く」は，aller の後に不定詞を持ってきます．

aller à ＋名詞（人）　　　　　　　〜に似合う

- Cette jupe te va très bien.　　そのスカートは君にとてもよく似合うよ．
  セット ジュップ トゥ ヴァ トレ ビヤン

  注：「〜に似合う」の意味．te は間接目的語で「君に」．

aller bien / mal　　　　　　　　　調子がいい／悪い

- Comment allez-vous？　　　　　ご機嫌いかがですか？
  コマン タレ ヴ

  ー Je vais bien, merci.　　　　　元気です，ありがとう．
  ジュ ヴェ ビヤン メルスィ

  注：「（機械や体の）調子がいい／悪い」の意味があります．

（物事が主語で）aller　　　　　　はかどる，進む

- Tout va bien.　　　　　　　　　全て順調だ．
  トゥ ヴァ ビヤン

  注：物事がうまく進んでいるかどうか，といった場合に使われます．Ça ne va pas.「うまくいかない」．

aller ＋不定詞　　　　　　　　　　〜しようとしている

- Le film va commencer.　　　　映画が始まろうとしています．
  ル フィルム ヴァ コマンセ

22　aller

注：aller ＋不定詞で，近い未来を表します．「〜しようとしている」．近い未来と言っても時間的な遠近ではなく，未来において実現の可能性が高いと考えられる場合に用います．この近接未来は半過去の形でも用いられます．

- À ce moment-là, j'allais lui téléphoner.
  アス　モマン　ラ　ジャレ　リュイ　テレフォネ
  そのとき彼（彼女）に電話をしようとしていました．

🟠 (2人称の主語) aller ＋不定詞　　〜しなさい

- Tu vas écrire à ta mère.　　お母さんに手紙を書きなさいよ．
  テュ　ヴァ　エクリー　ラ　タ　メール
  注：主語が2人称で軽い命令を表します．

🟠 こんな表現も覚えよう

🟠 (多く ça が主語で) aller à ＋名詞（人）〜に都合がよい

- Dans huit jours, ça te va ?　　1週間後でどう？
  ダン　ユイ　ジュール　サ　トゥ　ヴァ
  注：aller à ＋名詞（人）で「〜に都合がいい」．Ça va comme ça?「これでいい？」などともよく言います．

🟠 y aller　　そこへ行く，出発する

- On y va.　　さあ行こう．
  オン　ニ　ヴァ
  注：y は中性代名詞で「そこへ」の意味ですが，y aller はしばしば成句的表現になって，「行く」「出発する」などの意味になります．また命令形で Vas-y.「それ行け」などの促しの表現にもなります．

🟠 s'en aller　　立ち去る

- On s'en va.　　さあ帰ろう．
  オン　サン　ヴァ
  注：代名動詞 s'en aller は「（ある場所から）いなくなる」ことを意味します．命令形で Allez-vous-en!「ここから出て行きなさい！」，Va-t'en!「行っちまえ！」などともよく言います．

練習問題 ⑥　Exercices

aller を用いてフランス語にしましょう．

1) この夏私たちはアメリカに行きます．

2) 彼はもうすぐ駅に到着します．（もうすぐ：dans un instant）

3) この帽子はあなたにとてもよく似合います．

4) 彼女は母親を空港に迎えに行きました．（迎えに行く：aller chercher）

5) すぐに手を洗いなさい！（手を洗う：se laver les mains）

（答えは p. 213）

さ・え・ら　ÇA ET LÀ

Allez, les Bleus !

　フランスのサッカースタジアムに行くと，さかんに Allez, les Bleus ! の声援が聞こえてきます．les Bleus はユフォームの色がブルーのフランス代表のこと．この場合の Allez ! は「行きなさい」という命令ではなく「それ行け，がんばれ」といった励ましを意味する間投詞です．

voir
ヴォワール

見える（英 see）

直説法現在の活用

je	vois	（ジュ ヴォワ）	nous	voyons	（ヌ ヴォワイヨン）
tu	vois	（テュ ヴォワ）	vous	voyez	（ヴ ヴォワイエ）
il	voit	（イル ヴォワ）	ils	voient	（イル ヴォワ）

複合過去：j'ai vu　（ジェ ヴュ）　　半過去：　je voyais （ジュ ヴォワイエ）
単純未来：je verrai （ジュ ヴェレ）　接続法現在：je voie　（ジュ ヴォワ）

　voir を「見る」という意味で覚えている人がいますが，基本的には「見える」という意味であることに注意してください．「見る」は regarder という動詞です．voir は「人に会う」「（物事が）わかる」という意味でもよく使われます．

基本表現

voir ＋名詞（人・物）　　　　　　　　～が見える，～を見る

- On voit bien la mer d'ici.　　　　　ここから海がよく見える．
  オン　ヴォワ　ビヤン　ラ　メール　ディスィ

  注：voir は「意識しないで対象物が目に入って来る」で，基本的には「見える」という意味です．ただ，「（意識的に）見る」という意味でも用いられる場合があります．

- J'ai vu le dernier film de Luc Besson.
  ジェ ヴュ ル　デルニエ　フィルム ドゥ リュック　ベッソン

  リュック・ベッソンの最新作の映画を見た．

  注：映画，演劇，試合，街などについては「～を見る」という意味でも用いられます．

voir　25

voir ＋名詞（人・物）＋不定詞　　〜が〜するのが見える

- Je vois les enfants jouer au foot.　　子供たちがサッカーをしているのが見える．
  ジュ ヴォワ レ ザンファン ジュエ オ フット

  注：voir の目的語が，次に来る不定詞の意味上の主語になって「〜が〜するのが見える」という構文になります．

voir ＋名詞（人）　　〜に会う

- Venez me voir demain.　　明日会いに来てください．
  ヴネ ム ヴォワール ドゥマン

  注：人が目的語で「〜に会う，面会する」という意味になります．

voir ＋名詞（物事）　　〜がわかる，理解する

- Je vois bien ce que vous voulez dire.
  ジュ ヴォワ ビヤン ス ク ヴ ヴレ ディール
  あなたの言いたいことはよくわかります．

  注：voir は「（心で）見る→わかる，理解する」という意味にもなります．comprendre と同義語です．

こんな表現も覚えよう

se voir　　互いに会う，わかる

- On se verra demain.　　また明日会いましょう．
  オン ス ヴェラ ドゥマン

  注：se voir は代名動詞でいろいろな意味になりますが，日常会話でよく用いられるのは相互用法で「互いに会う」です．on は nous のくだけた形で，例文は親しい間柄での別れの挨拶でよく用いられる言い方です．
  また se voir は「わかる」という意味でも日常会話でよく用いられます．

- Ça se voit.　　見ればわかるよ．
  サ ス ヴォワ

n'avoir rien à voir avec ＋名詞（人・物）　　〜とは何の関係もない

- Je n'ai rien à voir avec elle.　　私は彼女とは何の関係もない．
  ジュ ネ リヤン ナヴォワール アヴェック ケル

注：成句的表現で，日常会話では avec 〜 のない形でもよく用いられます．Ça n'a rien à voir.「そんなことは関係ない」．

練習問題⑦　Exercices

voir を用いてフランス語にしましょう．

1) 私の部屋からエッフェル塔（la tour Eiffel）がよく見えます．

2) 昨夜テレビでサッカーの試合を見ました．（サッカーの試合：un match de foot）

3) 庭で子供たちが遊んでいるのが見えます．（on を主語で．遊ぶ：jouer）

4) 私はもう彼女とは会っていません．（もう〜ない：ne 〜 plus）

5) 彼が正しいことはよくわかっています．

(答えは p. 213)

さ・え・ら　ÇÀ ET LÀ

つなぎの表現

voir には会話をつなぐ言い回しがたくさんあります．例えば，英語の I see. にあたる Je vois. は「わかりました」．命令形の Voyons ! は「さあさあ！」とたしなめたり，なだめたりするときに用います．文の末尾に，tu vois, vous voyez を付ければ，「ね，そうでしょう」，と相手の注意を促すことになります．単純未来形を使って On verra. とすると「まあ様子を見てみよう」といった意味になります．

vouloir
ヴロワール

8 位

欲する（英 want）

直説法現在の活用

je	veux	（ジュ ヴ）	nous	voulons	（ヌ ヴロン）
tu	veux	（テュ ヴ）	vous	voulez	（ヴ ヴレ）
il	veut	（イル ヴ）	ils	veulent	（イル ヴール）

複合過去：j'ai voulu （ジェ ヴリュ）　半過去：　　je voulais （ジュ ヴレ）
単純未来：je voudrai （ジュ ヴドレ）　接続法現在：je veuille （ジュ ヴイユ）

　vouloir は後に目的語を持ってきて「〜を欲する，望む」という欲求，願望を表します．後に動詞の不定詞が来ると「〜をしたい」という意志を表しますが，1人称では多くの場合，条件法現在の je voudrais 〜を用いて，「〜したいのですが」と控えめな表現にします．

基本表現

vouloir + 名詞（物）　　　〜が欲しい，〜を望む

- **Voulez**-vous encore du café？　コーヒーをもっといかがですか？
  ヴレ　ヴ　アンコール　デュ　カフェ

  注：欲しいのなら，Oui, je veux bien. と答えます．直説法1人称の Je veux（de l'eau）．「（水）が欲しい」のような表現は，欲求を強く表し，幼い子が親にダダをこねるときのような表現に聞こえるので普通は用いません．主語が1人称の場合は物事を控えめに表現する条件法現在を使って，je voudrais 〜「〜が欲しいのですが」と言います．

- Je **voudrais** un kilo de tomates.　トマトを1キロ欲しいのですが．
  ジュ　ヴドレ　アン　キロ　ドゥ　トマト

vouloir +不定詞　　　　　　　　～したい

- Je voudrais parler à Monsieur Monier, s'il vous plaît.
  ジュ　ヴドレ　パルレ　ア　ムッシュー　モニエ　スィル　ヴ　プレ

  すみませんが，モニエさんとお話したいのですが．

  注：vouloir の後に不定詞を持ってきて「～したい」という意志を表します．名詞の場合と同じく，主語が1人称で人にものを頼むような場合は条件法現在を用いるのが普通です．

voulez-vous +不定詞？　　　　　～してくれますか？

- Voulez-vous fermer la porte, s'il vous plaît？　ドアを閉めてくれますか？
  ヴレ　ヴ　フェルメ　ラ　ポルト　スィル　ヴ　プレ

  注：vouloir の2人称を疑問形で用いて依頼や命令を表します．s'il vous plaît を付ければ依頼になり，付けないと命令的に聞こえます．より丁寧な依頼にしたければ，条件法現在を用います．

- Voudriez-vous me prêter ce livre？　この本を貸していただけるでしょうか？
  ヴドリエ　ヴ　ム　プレテ　ス　リーヴル

vouloir dire +名詞（物事）　　　～を意味する

- Qu'est-ce que ça veut dire？　　それはどういう意味ですか？
  ケ　ス　ク　サ　ヴ　ディール

  注：vouloir dire は「意味する」．signifier と同じ意味でよく用いられます．

こんな表現も覚えよう

vouloir que +接続法　　　　　　～して欲しい

- Elle veut que tu viennes la voir.
  エル　ヴ　ク　テュ　ヴィエンヌ　ラ　ヴォワール

  彼女は君が彼女に会いに来ることを望んでいる．

  注：従属節の主語が主節の主語と異なる場合に用いる構文です．que 以下は接続法になります．

vouloir の条件法過去＋不定詞　　　　〜すればよかった

- **J'aurais voulu** rester jusqu'à la fin.　最後まで残っていればよかった．
  ジョレ　ヴリュ　レステ　ジュスカ　ラ ファン
  注：「〜すればよかった」と，自分ができなかったことを遺憾に思う気持ちを表します．

veuillez ＋不定詞　　　　どうぞ〜なさってください．

- **Veuillez** vous asseoir.　どうぞお座りください．
  ヴィエ　ヴ　ザソワール
  注：vouloir の命令形は接続法を用いて，丁寧な依頼になります．

en vouloir à ＋名詞（人）　　　　〜に恨みを抱く

- Tu m'**en veux**？　私のこと怒っているの？
  テュ　マン　ヴ
  注：Ne m'en veux pas. なら，「悪く思わないでね」となります．

練習問題⑧　　Exercices

vouloir を用いてフランス語にしましょう．

1) このネクタイが欲しいのですが．

2) 今晩お目にかかりたいのですが．

3) お塩を取っていただけますか？（〜に〜を渡す：passer 〜 à 〜）

4) 私は彼が何を言いたいのかわかりません．（何を〜するのか：ce que 〜）

5) 彼女と結婚すればよかった．（〜と結婚する：se marier avec）

（答えは p. 213）

さ・え・ら ÇÀ ET LÀ

- **Je veux bien.**

　人に何か勧められて同意するときの表現が Je veux bien.「喜んで」．後に merci を付けるといいでしょう．それとなく断りたいときは Je veux bien, mais ... と言えば相手はわかってくれます．

vouloir

venir
ヴニール

来る（英 come）

9位

直説法現在の活用

je viens （ジュ ヴィヤン）	nous venons （ヌ ヴノン）
tu viens （テュ ヴィヤン）	vous venez （ヴ ヴネ）
il vient （イル ヴィヤン）	ils viennent （イル ヴィエンヌ）

複合過去：je suis venu(e) （ジュ スュイ ヴニュ）　半過去： je venais （ジュ ヴネ）
単純未来：je viendrai （ジュ ヴィヤンドレ）　接続法現在：je vienne （ジュ ヴィエンヌ）

venir は aller「行く」と逆の意味で、「来る」．人だけでなく物事も主語になって、「到来する」「生じる」「浮かぶ」など様々な意味で用いられます．現在形は不規則な変化をし、複合過去形は助動詞として être を取ります．venir de 〜 の形で「近い過去」を表す用法もあることに注意してください．

基本表現

venir　　　来る

- Elles sont venues en métro.　　彼女たちは地下鉄で来ました．
  エル　ソン　ヴニュ　アン　メトロ

  注：人や乗り物が話し手のいる場所に「来る」．venir は複合過去形の場合、助動詞として être を取ります．過去分詞は主語の性数に一致します．

venir de + 名詞（場所）　　　〜の出身である

- D'où venez-vous ?　　あなたはどこの出身ですか？
  ドゥ　ヴネ　ヴ

  注：Je viens du Japon.「日本です」のように答えます．国が女性名詞の場合は無冠

詞です．Il vient de France.「彼はフランスの出身です」．また，物が主語になれば，「〜産」の意味になります．

- Ces huîtres viennent de Bretagne.　この牡蠣はブルターニュ産です．
  セ ズュイットル ヴィエンヌ ドゥ ブルターニュ

venir ＋不定詞　　　　　　　　〜しに来る

- Elle est venue me voir.　　　彼女は私に会いにやって来た．
  エ レ ヴニュ ム ヴォワール

  注：venir の後に動詞の不定詞を持ってくると「〜しに来る」の意味になります．次の例にあるように，venir の後に前置詞 de がある場合とは意味が異なるので注意してください．

venir de ＋不定詞　　　　　　　〜したところである

- Il vient d'arriver.　　　　　　彼は到着したところです．
  イル ヴィヤン ダリヴェ

  注：venir de の後に不定詞が来ると「〜したところだ」という近い過去を表す言い方になります．このとき hier「昨日」のような，時を表す状況補語は付けられないことに注意してください．× Il vient d'arriver hier.

こんな表現も覚えよう

venir　　　　　　　　　　　　（聞き手のいるところに）行く

- Je viens tout de suite.　　　　すぐに行きます．
  ジュ ヴィヤン トゥ ドゥ スュイット

  注：相手に呼ばれたときの返事として，venir が「行く」という意味で用いられます．venir は，聞き手を中心に考えて「（聞き手の方に）行く」という意味でも用いられるのです．arriver にも同様の用法があります．J'arrive!「すぐ行きます」．

（物事が主語で）venir　　　　　到来する，生じる，浮かぶ

- Le moment du départ est venu.　出発のときがやって来た．
  ル モマン デュ デパール エ ヴニュ

  注：物事が主語となって「来る」の比喩的な意味になります．「（時が）到来する」「（物事が）生じる」「（考えが）浮かぶ」など．

- Une idée m'est venue.　　　　ある考えが浮かんだ．
  ユ ニデ メ ヴニュ

練習問題⑨　Exercices

venir を用いてフランス語にしましょう．

1) 私と一緒に来てください．

2) 彼女はイタリア（l'Italie）の出身です．

3) 会いに来てくれてありがとう．（〜を感謝する：merci de 〜）

4) お手紙を受け取ったところです．（受け取る：recevoir）

5) この単語はラテン語が起源である．（ラテン語：le latin）

(答えは p. 213)

さ・え・ら　ÇÀ ET LÀ

•「来なさい」のジェスチャー

「こっちに来なさい」のジェスチャーは，日本では手の平を下に向けて，のばした指を自分の方へ動かしますが，フランスでは逆で，手のひらを上に向けてのばした指，特に人差し指を自分の方に動かします．日本の「こっちに来い」のジェスチャーは「あっちに行け」という意味にとられかねないので気を付けなければいけません．

devoir
ドゥヴォワール

11 **10位**

～しなければならない（英 must）

直説法現在の活用

je	dois	（ジュ ドワ）	nous	devons	（ヌ ドゥヴォン）
tu	dois	（テュ ドワ）	vous	devez	（ヴ ドゥヴェ）
il	doit	（イル ドワ）	ils	doivent	（イル ドワーヴ）

複合過去：j'ai dû　　（ジェ デュ）　　半過去：　je devais　（ジュ ドゥヴェ）
単純未来：je devrai　（ジュ ドゥヴレ）　接続法現在：je doive　（ジュ ドワーヴ）

　devoir はその後に動詞を従えて「～しなければならない」「～するにちがいない」という英語の must にあたる準助動詞的用法がまずあります．その他に，「～に～を借りている」という意味で，普通の動詞としての用法もあります．

基本表現

devoir ＋不定詞　　　　　　　　～しなければならない

- **Vous devez partir tout de suite.**　あなたはすぐに出発しなければならない．
  ヴ　ドゥヴェ　パルティール　トゥ　ドゥ　スュイット
  注：devoir の後に不定詞を従えた準助動詞的用法には，まず「～しなければならない，～すべきだ」という義務を表す意味があります．

- **Tu ne dois pas mentir.**　　　嘘をついてはいけないよ．
  テュ　ヌ　ドワ　パ　マンティール
  注：否定文になると「～してはならない，～すべきではない」という禁止の意味になります．

devoir

devoir ＋不定詞　　　　　　　　　〜するにちがいない，〜のはずである

- Cet enfant doit avoir faim.　その子供はおなかがすいているにちがいない．
  セ　タンファン　ドワ　タヴォワール　ファン

  注：devoir ＋不定詞はまた，「〜するにちがいない，〜のはずだ」という確信のある推量を表します．

devoir ＋不定詞　　　　　　　　　〜することになっている

- Il doit venir me voir demain.　彼は明日私に会いに来ることになっている．
  イル　ドワ　ヴニール　ム　ヴォワール　ドゥマン

  注：devoir ＋不定詞はさらに，「〜することになっている」という予定を表わすこともあります．また必然的な予定，つまり「〜する運命にある」という意味にもなります．

- Tous les hommes doivent mourir.　人はみな死ぬ運命にある．
  トゥ　レ　ゾム　ドワーブ　ムリール

devoir ＋名詞（金など）＋à＋名詞（人）　〜に〜を借りている

- Je lui dois dix euros.　私は彼（彼女）に 10 ユーロ借りている．
  ジュ リュイ ドワ ディ ズーロ

  注：devoir は普通の動詞として「〜に〜を借りている」という意味の用法があります．また精神的な意味で「〜のおかげである，〜のせいだ」という意味にもなります．

- Je dois tout à ma femme.　全ては妻のおかげです．
  ジュ　ドワ　トゥ　ア　マ　ファム

─こんな表現も覚えよう─

devoir の条件法現在＋不定詞　　　〜する方がいい

- Tu devrais aller à l'hôpital.　君は病院に行った方がいいよ．
  テュ　ドゥヴレ　アレ　ア　ロピタル

  注：devoir を条件法現在にしてその後に不定詞を持ってくると「〜する方がいい」という語調緩和の表現になります．

devoir の条件法過去＋不定詞　　　〜すべきであった

- J'aurais dû partir plus tôt.　もっと早く出発すべきだった．
  ジョレ　デュ パルティール プリュ ト

注：devoir を条件法過去にしてその後に不定詞を持ってくると「～すべきであった」という後悔を表す表現になります．

練習問題 ⑩　Exercices

devoir を用いてフランス語にしましょう．

1) あなたはもっと働かなければならない．（もっと：davantage）

2) 彼は電車に乗り遅れたにちがいない．（乗り遅れる：manquer）

3) 私は来週フランスに出発することになっている．

4) 私の不幸はみんな彼のせいだ．（不幸：le malheur）

5) 君は私に電話してくれたらよかったのに．

(答えは p. 214)

さ・え・ら　ÇÀ ET LÀ

• Je vous dois combien ?

　買い物をして支払いをするとき「いくらですか？」と尋ねる言い方はいくつかあります．C'est combien ? Ça coûte combien ? Ça fait combien ? そして「～に～を借りている」という意味を持つ devoir を使って Je vous dois combien ? という言い回しがあります．文字通り訳せば「あなたにいくら借りがありますか？」ということですね．

まとめ ①
— 1 位〜10 位 —

（答えは p. 214）

❶ （　）内に入れるのに最も適切なものを 1〜3 の中から選びなさい．

1) Cette serviette est (　) qui ?
   1 à   2 par   3 sur

2) J'ai envie (　) sortir ce soir.
   1 à   2 de   3 pour

3) Il aime faire (　) ménage.
   1 un   2 au   3 le

4) Que dites-vous (　) cette opinion ?
   1 à   2 de   3 sous

5) Nous n'(　) pouvons plus.
   1 en   2 y   3 en y

6) Ils vont (　) Italie cet été.
   1 à l'   2 d'   3 en

7) Ça n'a rien (　) voir avec notre affaire.
   1 à   2 de   3 sans

8) Je viens (　) rentrer d'Espagne.
   1 à   2 de   3 par

❷ 日本語文に対応するフランス語文を完成させるのに，もっとも適切なものを 1〜3 の中から選びなさい．

1) ウィーンに行ったことはありますか？
   Est-ce que vous (　) à Vienne ?
   1 avez été   2 étiez   3 allait

2) 彼はまるで死んでいるようだ．
   On (　) qu'il est mort.
   1 dit   2 dira   3 dirait

38　まとめ ①

3) 彼が電話してきたとき，私は出かけようとしていました．
　　J'(　　) sortir quand il m'a appelé au téléphone.
　　　1 allais　　2 irai　　3 irais

4) コーラをください．
　　Je (　　) un coca, s'il vous plaît.
　　　1 veux　　2 voudrai　　3 voudrais

5) あなたは奥さんに電話した方がいいですよ．
　　Vous (　　) téléphoner à votre femme.
　　　1 aviez dû　　2 devrez　　3 devriez

❸ 次の対話を完成させるのにもっとも適切なものを1〜3の中から選びなさい．

1) A: Quel temps fait-il aujourd'hui?
　　B: _____ .
　　　1 Il est très beau aujourd'hui.
　　　2 Il fait du tennis.
　　　3 Le temps est nuageux.

2) A: Je voudrais voir Monsieur Dubois.
　　B: _____ .
　　　1 Désolé, il n'est pas là.
　　　2 Ça se voit.
　　　3 On se verra.

prendre

プラーンドル

11位

取る（英 take）

直説法現在の活用

je	prend**s** （ジュ プラン）	nous	pren**ons** （ヌ プルノン）
tu	prend**s** （テュ プラン）	vous	pren**ez** （ヴ プルネ）
il	prend （イル プラン）	ils	prenn**ent** （イル プレンヌ）

複合過去：j'ai pr**is** 　（ジェ プリ）　　　半過去：　je pren**ais** （ジュ プルネ）
単純未来：je prendr**ai** （ジュ プランドレ）　接続法現在：je prenn**e** （ジュ プレンヌ）

「取る」という意味を中心に，後に来る名詞によって「持って行く」「乗る」「食べる」「買う」など多様な意味を持つ動詞です．接頭語を付けると comprendre「理解する」，apprendre「学ぶ」，reprendre「再び取る」などとなり，応用範囲の広い動詞なので活用形をしっかり覚えましょう．

基本表現

prendre + 名詞（物）　　　〜を手に取る，身に付ける，持って行く

- **Il a pris un stylo.**　　　　　　　彼はペンを取った．
  イラ プリ アン スティロ

  注：「〜を手に取る」はこの動詞の基本的な用法です．そこから Il a pris ses lunettes.「彼はメガネをかけた」，Prenez votre parapluie.「傘を持って行きなさい」などの意味にもなります．

prendre + 名詞（乗り物）　　　〜に乗る

- **Prenons un taxi.**　　　　　　　タクシーに乗りましょう．
  プルノン　アン タクスィ

40　prendre

注：「(乗り物) に乗る」の意味で、タクシーの場合は un taxi ですが、地下鉄、飛行機、電車などは定冠詞を用い、prendre le métro / l'avion / le train となります．

prendre +名詞（飲食物）　　〜を食べる，飲む

- J'ai pris mon petit déjeuner à sept heures.　7時に朝食を食べました．

注：「飲む」の意味でも用いられ，prendre un café「コーヒーを飲む」，prendre un verre「一杯飲む」，prendre un médicament「薬を飲む」などがよく使われます．

prendre +名詞（物・商品など）　　〜を買う，選ぶ

- Je prends ce pantalon.　　このズボンをもらいます．

注：買い物をするとき，あるいはレストランで「このコースにします」Je prends ce menu. などと言いたいときに用います．

prendre +名詞（行動・休暇など）　〜をとる

- Paul a pris cette décision.　　ポールはその決定をくだした．

注：「写真」une photo，「ノート」des notes，「休暇」des vacances など，様々な物・事柄を「とる」という表現になります．

→こんな表現も覚えよう

prendre +名詞（時間など）　　〜がかかる，〜をかける

- Ça prend du temps.　　それには時間がかかる．
- Prenez votre temps.　　（時間をかけて）どうぞゆっくり．

注：「(物事に時間) がかかる」という意味でも，「(時間) をかける」という意味でも使われます．また，Je suis pris(e). と言うと「忙しい」の意味になります．

prendre +名詞（言動）　　〜を受け止める，解釈する

- Il a mal pris ce que je lui ai dit.　　彼は私の言ったことを悪く取った．

注：prendre 〜 au sérieux (à la plaisanterie)「〜をまじめに (冗談として) 受け取る」も覚えておきましょう．

prendre +名詞（病気・習慣など）　〜にかかる，〜を身に付ける

- J'ai pris froid.　　　　　　　　風邪をひいた．
  ジェ　プリ　フロワ

  注：prendre l'habitude de 〜「〜の習慣を身に付ける」も覚えておきたい表現です．

prendre + A（人・物）+ pour + B（人・物）　AをBとみなす，取り違える

- On me prend souvent pour mon frère.　私はよく兄(弟)と間違えられる．
  オン　ム　プラン　スヴァン　プール　モン　フレール

  注：代名動詞で se prendre pour 〜 とすれば，「自分を〜と思う」になります．Il se prend pour un héros. は，「彼は英雄気取りだ」という意味です．

s'y prendre　　　　　　　　　　取りかかる，ふるまう

- Je ne sais pas comment m'y prendre.　どう手を付けていいかわからない．
  ジュ　ヌ　セ　パ　コマン　ミ　プラーンドル

  注：代名動詞の成句的表現です．

練習問題⑪ Exercices

prendre を用いてフランス語にしましょう．

1) オルレアン（Orléans）へ行くため電車に乗った．

2) デザートは何になさいますか？（デザートに：comme dessert）

3) 彼はタバコを吸う習慣を身に付けた．

4) ゆっくり時間をかけて食べなさい．

5) 彼女は女優だと思われている．（on を主語にして）

（答えは p. 214）

さ・え・ら ÇÀ ET LÀ

・Je prends ça.

　レストランでの注文やブランド店での買い物は，慣れるまではなかなか大変です．そんなとき便利なのが Je prends ça. という言い回しです．指をさしながら言えば「これをください」という意味になり，店員がおススメなどを説明してくれた後に言えば「それをください」の意味になります．便利な表現ですので，ぜひ覚えておきましょう．

prendre

trouver トルヴェ 12位

〜を見つける（英 find）

直説法現在の活用

je	trouve	（ジュ トルーヴ）	nous	trouvons	（ヌ トルヴォン）
tu	trouves	（テュ トルーヴ）	vous	trouvez	（ヴ トルヴェ）
il	trouve	（イル トルーヴ）	ils	trouvent	（イル トルーヴ）

複合過去：j'ai trouvé （ジェ トルヴェ）　　半過去：　　je trouvais （ジュ トルヴェ）
単純未来：je trouverai （ジュ トルヴレ）　　接続法現在：je trouve （ジュ トルーヴ）

trouver は「見つける，見い出す」が基本的な意味ですが，「（心で）見い出す→思う」という意味があることに注意してください．また代名動詞 se trouver で「〜がある」も日常よく使われる用法です．

基本表現

trouver ＋名詞（人・物）　　〜を見つける

- **J'ai trouvé** ma clef sous la table.　テーブルの下で鍵を見つけた．
  ジェ　トルヴェ　マ　クレ　ス　ラ　ターブル
  注：例文は「（探していたものを）見つけた」ですが，「（偶然に）見つけた」でもかまいません．また対象は人の場合もあります．次の例文を見てください．

- **J'ai trouvé** un ami dans un café.　カフェで友達にばったり出会った．
  ジェ　トルヴェ　アン　ナミ　ダン　ザン　カフェ

- Tournez à gauche, vous **trouverez** la gare.　左に曲がれば駅があります．
  トルネ　ア　ゴーシュ　ヴ　トルヴレ　ラ　ガール
  注：このように道案内をするときに，「あなたは〜を見つけるでしょう」と，trouver を単純未来形にしてよく用います．

44　trouver

trouver ＋名詞（人・物）＋形容詞　　〜を〜と思う

- Je trouve ce film très intéressant.　この映画はとても面白いと思う．
  ジュ　トルーヴ　ス　フィルム　トレ　ザンテレサン

  注：trouver の後に目的語と属詞を持ってきて，「〜を〜と思う」という意味になります．Comment trouvez-vous cela?「これをどう思いますか？」という疑問文も使ってみましょう．

trouver que ＋直説法　　〜だと思う

- Je trouve qu'il est sympathique.　彼は感じがいいと思う．
  ジュ　トルーヴ　キ　レ　サンパティック

  注：trouver の後に que 〜 を持ってきて「〜だと思う」．que の後は直説法です．

こんな表現も覚えよう

se trouver ＋前置詞（à, dans など）〜　　〜にある，いる

- Où se trouve le musée du Louvre, s'il vous plaît?
  ウ　ス　トルーヴ　ル　ミュゼ　デュ　ルーヴル　スィル　ヴ　プレ
  ルーブル美術館はどこにありますか？

  注：代名動詞 se trouver には様々な用法がありますが，最もよく使われるのは「〜がある，いる」で，être と同じ意味で使われる用法です．例文には例えば次のような答えが可能です．

- Il se trouve dans le 1er arrondissement.　1区にあります．
  イル　ス　トルーヴ　ダン　ル　プルミエ　ラロンディスマン

se trouver ＋形容詞・副詞　　自分が〜であると思う

- Je me trouve bien.　気分はいいです．
  ジュ　ム　トルーヴ　ビヤン

  注：代名動詞の再帰的用法です．「気分が悪いです」は，Je me trouve mal. となります．

Il se trouve que ＋直説法　　たまたま〜である

- Il se trouve qu'il n'était pas là.　たまたま彼はそこにいなかった．
  イル　ス　トルーヴ　キル　ネテ　パ　ラ

注：se trouver の非人称構文です．「たまたま〜である，〜ということが起こる」といったニュアンスで用いられます．

練習問題⑫　Exercices

trouver を用いてフランス語にしましょう．

1) 家の庭で猫を 1 匹見つけました．（家の庭：mon jardin）

2) 彼に会いに行く時間がない．（ない→見つけられない）

3) 私はこの小説を退屈だと思う．（退屈な：ennuyeux）

4) 私は彼は正しいと思う．

5) 彼のアパルトマンはセーヌ川のほとりにある．（〜のほとりに：au bord de 〜）

（答えは p. 214）

さ・え・ら　ÇÀ ET LÀ

・trouver の同義語

　trouver には「〜と思う」の意味がありますが，その同義語に penser と croire があります．trouver は「見たり経験したりした結果，〜と思う」，penser は「推測して〜と思う」，croire は「記憶や伝聞によって〜と思う」というニュアンスの違いがあります．

donner ドネ 13位

与える（英 give）

直説法現在の活用

je donne	（ジュ ドヌ）	nous donnons	（ヌ ドノン）
tu donnes	（テュ ドヌ）	vous donnez	（ヴ ドネ）
il donne	（イル ドヌ）	ils donnent	（イル ドヌ）

複合過去：j'ai donné （ジェ ドネ）　　半過去：je donnais （ジュ ドネ）
単純未来：je donnerai （ジュ ドヌレ）　接続法現在：je donne （ジュ ドヌ）

donner は基本的には「与える」ですが，対価としてお金を払う場合もあるし，単に「あげる」場合もあります．また，与える対象は単に「物」だけでなく，「心配」とか「講演」のような目に見えない「もの」の場合もあり，日常的に汎用性のある動詞です．

→ 基本表現

donner ＋名詞（物）＋ à ＋名詞（人）　～に～を与える

- Pour son anniversaire, je lui ai donné un sac.　誕生日に彼(彼女)にバッグをあげた．
  プール ソン ナニヴェルセール ジュリュイエ ドネ アン サック
  注：この場合は「プレゼントする」の意味で，offrir と同義語です．

- Donnez-moi un kilo de pommes, s'il vous plaît.　りんごを1キロください．
  ドネ モワ アン キロ ドゥ ポム スィル ヴ プレ
  注：この donner は対価としてお金を払う場合の「与える」．買い物をするときによく使われる言い回しです．

- Donnez-moi le sel, s'il vous plaît.　塩を取ってください．
  ドネ モワ ル セル スィル ヴ プレ
  注：同じ命令形でも，この場合のようにお金は関与せず，「取ってもらう」という意

donner　47

味でも使われます．s'il vous plaît を付けて依頼を表します．

- Paul m'a donné son ordinateur.　　ポールは私にパソコンをくれた．
  ポール　マ　　ドネ　　ソン　ノルディナトゥール

  注：「誰かが私に〜」というときは donner は日本語で「くれる」になります．

こんな表現も覚えよう

donner ＋名詞（情報）　　　　　〜を伝える

- Pouvez-vous me donner l'heure？　時間を教えていただけませんか？
  プヴェ　ヴ　ム　　ドネ　　ルール

  注：donner は「伝える」「知らせる」という意味にもなります．

donner ＋名詞（作品・会など）　　〜を上映する，催す

- Qu'est-ce qu'on donne cette semaine au cinéma？
  ケ　ス　コン　　ドヌ　セット　スメー　ノ　スィネマ

  今週は何を上映していますか？

  注：主語を on にして，「映画を上映する」「パーティーを催す」などの意味でよく用いられます．

(部屋などが) donner sur ＋名詞（庭・道など）　　〜に面する

- Cette chambre donne sur la cour.　この部屋は中庭に面しています．
  セット　シャーンブル　ドヌ　スュール ラ　クール

  注：donner は自動詞としても用いられ，donner sur 〜 で「〜に面する」という意味になります．ホテルに部屋を取るとき，通り（la rue）に面する部屋か中庭（la cour）に面する部屋か，確かめて取るといいでしょう．

練習問題 ⑬ Exercices

donner を用いてフランス語にしましょう．

1) メニューを見せてください．（メニュー：la carte）

2) あなたの連絡先を教えていただけますか？（連絡先：les coordonnées）

3) 彼女は何歳に見えますか？

4) 今晩テレビで何をやっていますか？

5) 彼の家は海に面している．

（答えは p. 215）

さ・え・ら　ÇÀ ET LÀ

派生語

　donner から派生した名詞はいろいろあります．まず le don は「贈り物」「天賦の才能」．avoir un don de 〜 で「〜の才能がある」．la donne はトランプの用語で「持ち札」を意味し，faire la donne と言えば「カードを配る」になります．la donnée は「データ」．base de données は「データベース」でパソコン用語でよく使われます．le donneur は「臓器提供者，ドナー」のことです．このように動詞から派生した他の品詞を覚えると語彙が豊かになります．

falloir
フォロワール

14位

〜が必要である，〜しなければならない（英 need, must）

直説法現在の活用

il faut （イル フォ）

複合過去：il a fallu （イラ ファリュ）　　半過去：il fallait （イル ファレ）
単純未来：il faudra （イル フォドラ）　　接続法現在：il faille （イル ファイユ）

falloir は非人称の il とともにしか用いられない非人称動詞です．その後に名詞や動詞や節を持ってきて，「〜が必要である，〜しなければならない」の意味になります．que で始まる節の中では接続法が使われることに注意してください．

基本表現

il faut ＋名詞（物事・時間・金など）　〜が必要である，かかる

- Il me faut de l'argent.　　私にはお金が必要だ．
  イル ム フォ ドゥ ラルジャン
  注：意味上の主語は人称代名詞の間接目的語を用います（上の文の場合は me）．il faut 〜 は「（時間や金）がかかる」という意味にもなります．

- Il faut dix minutes pour aller à la gare à pied.
  イル フォ ディ ミニュット プー ラレ ア ラ ガール ア ピエ
  駅に歩いて行くと 10 分かかります．

il faut ＋不定詞　　〜しなければならない

- Il faut partir tout de suite.　　すぐに出発しなければならない．
  イル フォ パルティール トゥ ドゥ スュイット

注：動詞の主語を明示したければ人称代名詞の間接目的語を用いますが（il vous faut 〜），次に挙げる il faut que 〜 の構文の方がよく用いられます．

🔸 il faut que ＋接続法　　　　〜しなければならない

- Il faut que j'aille le voir.　　　私は彼に会いに行かなければならない．
  イル フォ ク ジャイユ ル ヴォワール
  注：aille は aller の接続法現在．il faut que の後は接続法が用いられます．

ーこんな表現も覚えようー

🔸 il ne faut pas ＋不定詞/que ＋接続法　　〜してはならない

- Il ne faut pas parler de cela.　　そのことについて話してはならない．
  イル ヌ フォ パ パルレ ドゥ スラ

- Il ne faut pas que tu reviennes.　君は戻って来てはならない．
  イル ヌ フォ パ ク テュ ルヴィエンヌ

  注：il ne faut pas という否定形は「〜してはならない」という禁止を表します．「〜する必要はない」という意味にはならないことに注意．

🔸 il s'en faut de ＋名詞（物・人）　〜が不足している

- Il s'en faut de dix euros.　　　10 ユーロ足りない．
  イル サン フォ ドゥ ディ ズーロ

  注：il s'en faut de 〜 という代名動詞の表現は「〜が足りない」という意味になります．

falloir

練習問題 ⑭　Exercices

falloir を用いてフランス語にしましょう．

1) 私は明日までに 100 ユーロ必要です．（〜までに：avant 〜）

2) 空港に車で行くとどれくらい時間がかかりますか？

3) 彼にすぐ知らせなければならない．（〜に知らせる：avertir 〜）

4) 私は彼を駅に迎えに行かなければならない．

5) 遅刻してはいけません．（遅刻する：être en retard）

(答えは p. 215)

さ・え・ら　ÇÀ ET LÀ

comme il faut

　falloir を使った成句的表現に comme il faut があります．副詞的に用いて「申し分なく，きちんと」，例えば Il parle français comme il faut. と言えば「彼は正確なフランス語を話す」という意味になります．また形容詞的に用いれば un homme comme il faut「りっぱな人」のような表現になります．

parler パルレ 15位

16

話す（英 speak, talk）

直説法現在の活用

je	parle	（ジュ パルル）	nous	parlons	（ヌ パルロン）
tu	parles	（テュ パルル）	vous	parlez	（ヴ パルレ）
il	parle	（イル パルル）	ils	parlent	（イル パルル）

複合過去：j'ai parlé　（ジェ パルレ）　　半過去：　je parlais　（ジュ パルレ）
単純未来：je parlerai　（ジュ パルルレ）　接続法現在：je parle　（ジュ パルル）

　parler は目的語を取らずに「話す，しゃべる」という意味で用いられたり，前置詞 de をともなって「〜について話す」という意味になったり，また「〜語を話す」という目的語を取る用法があったりと，日常的によく用いられる動詞でありながら，扱いには注意が必要な動詞です．

─ 基本表現 ─

parler　　しゃべる，話す

- **Les Parisiens parlent très vite.**　パリの人はとても早口だ．
  レ　　バリズィヤン　　パルル　　トレ　ヴィット

  注：目的語は取らず「しゃべる，話す」という意味で用います．parler beaucoup「おしゃべりだ」，parler fort「大声で話す」などの表現を覚えておくといいでしょう．

parler de +名詞（人・物）　　〜について話す

- **Ils parlent de leurs vacances.**　彼らはヴァカンスの話をしています．
  イル　パルル　　ドゥ　ルール　　ヴァカンス

parler　53

- Elle m'a beaucoup parlé de vous.　あなたのことは彼女からよく聞いております．
  注：de の後に人や物が来て「～について話す」という意味になります．疑問形の De quoi parlez-vous?「何の話をしているのですか？」も覚えておきたい表現です．

parler à +名詞（人）　　　～に話す

- Allô, je voudrais parler à Monsieur Martin, s'il vous plaît.
  もしもし，マルタンさんとお話ししたいのですが．
  注：parler à +名詞（人）で「～に話す，～と話す」．例文は，電話で相手を呼び出してもらうとき使われる言い回しです．

parler +言語名　　　～語を話す

- Je parle français et anglais.　私はフランス語と英語を話します．
  注：言語名には，通常 le français, l'anglais のように定冠詞を付けますが，「～語を話す」という場合は無冠詞になります．ただし Il parle parfaitement le français.「彼は完璧にフランス語を話す」のように副詞をともなうと冠詞が復活する場合もあります．ついでに，Parlons en français!「フランス語で話しましょう」という言い回しも覚えましょう．

→こんな表現も覚えよう

Tu parles!　　　冗談でしょ！

- Il est marié? Tu parles!　彼が結婚してるって！　冗談だろ！
  注：相手の話が信じられないといったニュアンスで用いられます．

（言語が）se parler　　　話される

- Le latin ne se parle plus.　ラテン語はもう話されていない．
  注：代名動詞で「（言語が）話される」という受け身の意味で用いられます．

練習問題 ⑮ Exercices

parler を用いてフランス語にしましょう．

1) もっとゆっくり話して下さい．（もっとゆっくり：plus lentement）

2) 彼はおしゃべりだ．

3) 彼らはとても上手に中国語を話す．

4) マリー（Marie）は私によく彼氏のことを話す．（彼氏：son ami）

5) その映画は話題になっている．（on を用いて）

（答えは p. 215）

さ・え・ら ÇÀ ET LÀ

Parlez-moi d'amour.

リュシエンヌ・ボワイエが歌ったシャンソンの名曲に *Parlez-moi d'amour.* という歌があります．日本語題は「聞かせてよ愛の言葉を」．parler de の後に無冠詞名詞が来ると「〜について話す」ではなく，「〜という言葉を使う」という意味になりますから，この日本語題は名訳と言えるでしょう．

parler

mettre　メットル　16位

置く（英 put）

現在形の活用

je	met**s**	（ジュ メ）	nous	mett**ons**	（ヌ メトン）
tu	met**s**	（テュ メ）	vous	mett**ez**	（ヴ メテ）
il	met	（イル メ）	ils	mett**ent**	（イル メット）

複合過去：j'ai mis　（ジェ ミ）　　半過去：je mettais （ジュ メテ）
単純未来：je mettrai （ジュ メトレ）　接続法現在：je mette （ジュ メット）

mettre は人や物をある場所に位置させることで，極めて用法の広い動詞です．日本語に訳すときは「置く」「入れる」「付ける」「着る」「書く」「移す」など，状況に応じて様々な表現をあてなければなりません．代名動詞 se mettre もよく使われるので覚えてください．

➡ 基本表現

● mettre ＋名詞（物）　　〜を置く，入れる，着る

- **Mets** ton dictionnaire sur la table.　辞書を机の上に置きなさい．
  メ　トン　ディクスィヨネール　スュール ラ　ターブル
  注：mettre は物をある場所に置くこと．次の例のように，状況によっては「入れる」「着る」「書く」ことにもなります．

- Combien de sucres **mettez**-vous dans votre café ?
  コンビヤン　ドゥ　スュークル　メテ　ヴ　ダン　ヴォートル　カフェ
  コーヒーに砂糖をいくつ入れますか？

- Elle **met** toujours un chapeau rouge.　彼女はいつも赤い帽子をかぶっている．
  エル　メ　トゥジュール　アン　シャポ　ルージュ

56　mettre

- Mettez votre adresse sur l'enveloppe.　封筒にあなたの住所を書いてください．

mettre ＋名詞（人・物）＋前置詞（en, à, dans）〜　〜を〜の状態にする

- Ta réponse l'a mis en colère.　君の返事は彼を怒らせた．

注：mettre は人や物を「ある状態にする」という意味でも使われます．mettre un invité à l'aise「客をくつろがせる」，mettre sa chambre en ordre「部屋を整頓する」など．

→こんな表現も覚えよう

mettre ＋時間＋ pour / à ＋不定詞　〜するのに（時間）をかける

- J'ai mis trois heures pour finir ce livre.

この本を読み終えるのに3時間かかった．

注：mettre は「（時間）をかける」という意味でもよく用いられます．

mettre que ＋接続法　〜と仮定する

- Mettons qu'il ait raison.　彼が正しいと仮定しよう．

注：mettre は，後に que で始まる節を従えて「〜と仮定する」という意味にもなります．que の後は接続法．

se mettre ＋前置詞（à, en, dans）〜　（ある状態に）身を置く，〜になる

- Il est temps de se mettre à table.　食卓につく時間ですよ．

注：代名動詞 se mettre の後に前置詞を持ってきて，「〜の状態に身を置く」という意味になります．se mettre au lit「ベッドにつく」，se mettre à genoux「ひざまずく」，se mettre en colère「怒り出す」，se mettre à l'aise「楽にする」などを覚えるといいでしょう．

mettre 57

se mettre à +不定詞　　　　　　〜し始める

- Elle s'est mise à pleurer.　　　　　彼女は泣き出した．
  エル　セ　ミ　ザ　プルレ

  注：se mettre à 〜 は「〜し始める」で commencer の同義語．名詞を持ってくることもでき，「〜を始める，〜に取りかかる」の意味になります．

- Il s'est mis au français.　　　　　彼はフランス語を始めた．
  イル　セ　ミ　ゾ　フランセ

練習問題⑯　Exercices

mettre を用いてフランス語にしましょう．

1) 君は携帯電話をどこに置いたの？（携帯電話：le portable）

2) このレストランではネクタイを着用しなければなりません．

3) ここに来るのに 1 時間かかってしまった．

4) どうぞお楽になさってください．

5) 突然彼は怒り出した．（突然：tout à coup）

（答えは p. 215）

さ・え・ら　ÇÀ ET LÀ

mettre と porter

　mettre は「着る，身に付ける」という行為を表し，porter は「着ている，身に付けている」という状態を表します．Mettez votre manteau.「コートを着なさい」，Il porte un manteau noir.「彼は黒いコートを着ている」．

savoir
サヴォワール

17位

18

知っている，できる（英 know）

直説法現在の活用

je	sais	（ジュ セ）	nous	savons	（ヌ サヴォン）
tu	sais	（テュ セ）	vous	savez	（ヴ サヴェ）
il	sait	（イル セ）	ils	savent	（イル サーヴ）

複合過去：j'ai su （ジェ スュ）　半過去：　je savais （ジュ サヴェ）
単純未来：je saurai （ジュ ソレ）　接続法現在：je sache （ジュ サッシュ）

　savoir は「知っている」が基本的な意味ですが，その後に不定詞を従えて「できる」の意味でも用いられます．「知っている」の意味では connaître，「できる」の意味では pouvoir との使い分けが必要です．

基本表現

savoir que ＋直説法　　　〜ということを知っている

- **Je sais qu'il est en voyage.**　　彼が旅行中なのは知っています．
  ジュ セ キ レ タン ヴォワイヤージュ
  注：savoir は，その後に名詞よりも名詞節 que 〜をともなう構文が多く用いられます「〜ということを知っている」．que の後には直説法の文が続きます．connaître はこの構文を取ることはできません．

- **Je ne sais pas si elle est là.**　　彼女がいるかどうか私は知りません．
  ジュ ヌ セ パ スィ エ レ ラ

- **Savez-vous qui a écrit ce livre ?**　誰がこの本を書いたか知っていますか？
  サヴェ ヴ キ ア エクリ ス リーヴル
  注：que の代わりに si や qui なども用いられます．

savoir **59**

le savoir　　　　　　　そのことを知っている

- Stéphanie est actuellement en Afrique. － Oui, je le sais.
  ステファニー　エ　タクテュエルマン　アン　ナフリック　　ウイ　ジュ　ル　セ
  ステファニーはいまアフリカだよ．－（そのことは）知ってるよ．

- Il est là? － Je ne sais pas.　　　　彼いる？－知らないな．
  イ　レ　ラ　　ジュ　ヌ　セ　パ

  注：最初の例のように，savoir は中性代名詞 le とともによく用いられます．この le は，2 番目の例文のようにくだけた表現ではよく省略されます．Je n'en sais rien. という表現もよく使われますが，これは「それについては何も知らない」という意味です．

savoir +名詞（物事）　　　　～を知っている，体得している

- Je sais cette chanson.　　　　私はこの歌を知っています．
  ジュ　セ　セット　シャンソン

  注：名詞が続く用法です．Je sais (connais) son adresse.「私は彼（彼女）の住所を知っている」のように，savoir と connaître がほぼ同じ意味で用いられる場合もありますが，微妙に意味の異なる場合もあります．例えば，Je connais cette chanson. は「この歌を（聞いたことがあって）知っている」，Je sais cette chanson. は「この歌（の歌詞やメロディー）を知っている」となります．基本的には，savoir はより深いレベルで，学習や訓練で体得して「よく知っている」ことを表わすと言えるのですが，それだけでは説明の困難な事例も多いので注意が必要です．

savoir +不定詞　　　　～することができる，能力がある

- Il sait bien skier.　　　　彼はスキーが上手い．
  イル　セ　ビヤン　スキエ

  注：能力や技能に注目した「～することができる」です．pouvoir も「～することができる」という意味ですが，こちらは都合や現状での可能性を表し Il peut skier. は「（怪我はしていないし）彼がスキーができる」のようなニュアンスになります．また connaître には，不定詞を持ってくるこの用法はありません．

こんな表現も覚えよう

tu sais　　　ねえ，～でしょ

- Tu as tort, tu sais.　　それは君が悪いでしょ．
  テュ　ア　トール　テュ　セ

  注：相手の注意をひいたり，念を押すために使われる表現です．

faire savoir ＋名詞（物事）＋ à ＋名詞（人）　　～に～を知らせる

- Faites-moi savoir l'heure de votre arrivée.　到着時間を知らせて下さい．
  フェット　モワ　サヴォワール　ルール　ドゥ　ヴォート　ラリヴェ

  注：faire savoir à ＋名詞（人）＋ que ～ にして，「（人）に～ということを知らせる」とすることもできます．

à savoir　　　つまり

- Il manque l'essentiel, à savoir l'argent.
  イル　マンク　レサンスィエル　ア　サヴォワール　ラルジャン

  一番大事なことが欠けています．つまり，お金のことです．

  注：c'est-à-dire と同じような意味で用いられます．

sans le savoir　　　そうとは知らずに

- Il a commis une faute sans le savoir.　彼はそうとは知らずに過ちを犯した．
  イ ラ　コミ　ユヌ　フォート　サン　ル　サヴォワール

  注：sans「～なしに」，le savoir「それを知る」との組み合わせで，「そうとは知らずに」となります．

savoir

練習問題⑰ Exercices

savoir を用いてフランス語にしましょう．

1) 私は彼女が病気であることを知っています．

2) 今何時かは知りません．

3) クロエ（Chloé）はラテン語を知っている．

4) 彼らは運転できません．（運転する：conduire）

5) 君の連絡先を知らせてね．

（答えは p. 215）

さ・え・ら ÇÀ ET LÀ

・Que sais-je？

　16世紀の思想家モンテーニュは，この一文を座右の銘としていました．フランスの代表的な文庫本シリーズ Que sais-je?（われ何を知るか？）は，その事実に由来しています．日本語版（白水社「文庫クセジュ」）もありますので，ぜひ一度手に取ってみてください．

passer パセ

18位

19

通る，過ごす（英 pass）

直説法現在の活用

je passe （ジュ パス）	nous passons （ヌ パソン）
tu passes （テュ パス）	vous passez （ヴ パセ）
il passe （イル パス）	ils passent （イル パス）

複合過去：je suis passé(e) （ジュ スュイ パセ）
　　　　　j'ai passé （ジェ パセ）
単純未来：je passerai （ジュ パスレ）
半過去：　je passais （ジュ パセ）
接続法現在：je passe （ジュ パス）

　passer は目的語をとらないで「通る」「立ち寄る」「上演される」などの意味になったり，目的語をとって「過ごす」「手渡す」「(試験を) 受ける」などの意味になったり，用途が大変広い動詞です．複合過去形を作るときの助動詞は，自動詞の場合は être，他動詞の場合は avoir になることに気を付けましょう．

基本表現

passer　　　　　　　　　　　　　通る，過ぎ去る

- Laissez-moi passer.　　　　　　　通らせてください．
  レセ　モワ　パセ

- Le train est déjà passé.　　　　　列車はもう通り過ぎました．
  ル　トラン　エ　デジャ　パセ
  注：人や物が「通る，通過する」という意味で passer の基本的な用法です．複合過去形で助動詞は être を取ります．

passer　　**63**

passer ＋前置詞（à, par, chez など）〜　　〜へ移る, 〜を経る, 〜に立ち寄る

- Passons à autre chose.　　話題を変えましょう．
- Ce train passe par Lausanne.　　この電車はローザンヌを経由します．
- Je passerai chez vous vendredi prochain.　　次の金曜日にお宅へ伺います．

注：用いる前置詞によって意味が微妙に異なりますから注意しましょう．

passer ＋名詞（時など）　　〜を過ごす

- J'ai passé mes vacances en Provence.　　プロヴァンス地方でヴァカンスを過ごしました．

注：passer の他動詞としての用法で「〜を過ごす」．過ごす対象や時間を後に付けて表現します．複合過去形の助動詞は avoir です．

passer ＋名詞（試験など）　　〜を受ける

- Elle a passé un examen.　　彼女は試験を受けた．

注：passer un examen は「試験を受ける」です．「試験に合格する」は réussir à un examen ですから注意しましょう．

passer ＋名詞（人・物）＋ à ＋名詞（人）　　〜に〜を手渡す

- Passe-moi le sel, s'il te plaît.　　塩取ってくれる？

注：人が目的語になる場合もあり，電話口で Passez-moi Paul, s'il vous plaît. と言えば「ポールを電話に出してください」の意味になります．

passer

こんな表現も覚えよう

(作品・番組などが) passer　　　上映される，放送される

- Ce film passe actuellement au cinéma.　その映画は現在公開中だ．
  ス　フィルム　パス　　サクチュエルマン　　オ　スィネマ

  注：映画やテレビ番組が「上映される，放送される」という意味です．

passer pour +名詞（人・物）　　～だと見なされる

- Alain passe pour un spécialiste.　アランは専門家と見なされている．
  アラン　　パス　プー　ラン　スペスィヤリスト

  注：pour の後には，名詞の他に形容詞や不定詞を持ってくることもできます．Il passait pour être mort.「彼は死んだものと見なされていた」．

passer +名詞（場所・能力など）　　～を越える

- Nous avons passé les Alpes en train.　私たちは電車でアルプスを越えました．
  ヌ　ザボン　パセ　　レ　ザルプ　アン　トラン

  注：他動詞の用法で，場所や能力を「越える」という意味になります．passer la frontière「国境を越える」，passer les limites「限界を越える」などの表現を覚えるといいでしょう．

(主語は物事や非人称の il) se passer　　起こる，行われる

- Tout se passera bien.　　すべては上手く行くでしょう．
  トゥ　ス　パスラ　　ビヤン

- Que s'est-il passé ?　　どうしたの？
  ク　　セ ティル パセ

  注：代名動詞としての用法で，複合過去形の助動詞は être になります．

se passer de +名詞（物・人）　　～なしですます

- Il ne peut pas se passer de vin.　彼は酒なしではいられない．
  イル ヌ　プ　パス　ス　パセ　ドゥ ヴァン

  注：de の後には人が来ることもあります．On se passera de lui.「彼なしでやろう」．

passer

練習問題⑱　Exercices

passer を用いてフランス語にしましょう．

1) 私たちは，モントリオール (Montréal) からオタワ (Ottawa) へ移動しました．

2) 信号は青に変わった．（信号：le feu，青：le vert）

3) よく眠れましたか？（「よい夜を過ごしましたか」と考えましょう）

4) 私たちは車で国境を越えました．

5) 私たちのヴァカンスは最高でした．（se passer を用いて）

（答えは p. 216）

さ・え・ら　ÇÀ ET LÀ

passage

　passer の名詞形は男性名詞の passage で，「通過」「移行」「通路」といった意味があります．19 世紀以降，パリに多く作られたガラスのアーケードの付いた商店街も passage と呼ばれています．現在でもいくつか保存されており，その独特の空間に迷い込むと，ベル・エポックのパリへタイムスリップしたかのような感覚を味わうことができます．

regarder

ルガルデ

19位

見る（英 look）

直説法現在の活用

je	regarde	（ジュ ルガルド）	nous	regardons	（ヌ ルガルドン）
tu	regardes	（テュ ルガルド）	vous	regardez	（ヴ ルガルデ）
il	regarde	（イル ルガルド）	ils	regardent	（イル ルガルド）

複合過去：j'ai regardé （ジェ ルガルデ）　　半過去：　　je regardais （ジュ ルガルデ）
単純未来：je regarderai （ジュ ルガルドゥレ）　接続法現在：je regarde （ジュ ルガルド）

　regarder は「（意識的，積極的に）見る」という意味で，「意識しないで対象物が目に入ってくる，見える」という意味の voir と区別して使う必要があります．また「（人）に関係がある」という意味でも日常的によく使われます．

基本表現

regarder ＋名詞（人・物）　　〜を見る，眺める

- J'ai regardé la télé hier soir.　　昨晩テレビを見た．
  ジェ　ルガルデ　ラ　テレ　イエール　ソワール

注：「テレビを見る」「試合を見る」「景色を眺める」など，こちらから意識的に何かを「見る」という意味で用います．目的語なしで Regarde!「見て！」，Tu as bien regardé?「よく見たの？」のような使い方もあります．

regarder ＋名詞（人・物）＋不定詞　　〜が〜するのを見る

- Je regarde la neige tomber.　　雪が降るのを眺めている．
  ジュ　ルガルド　ラ　ネージュ　トンベ

注：regarder の目的語が不定詞の意味上の主語になります．例文は Je regarde tomber la neige と言うこともできます．

(物事が主語で) regarder à ＋名詞（人）　　～に関係する

- Ça ne vous regarde pas.　　それはあなたには関係のないことです．
  サ ヌ ヴ ルガルド パ

注：主語は物事で，例文のように否定形で言われる場合が多いです．

― こんな表現も覚えよう ―

regarder ＋名詞（物事）　　考える，みなす

- Elle ne regarde que son intérêt.　　彼女は自分の利益しか考えない．
  エル ヌ ルガルド ク ソン ナンテレ

- On regarde ça comme un honneur.　それは名誉とみなされている．
  オン ルガルド サ コ マン ノヌール

注：2番目の例文のように，regarder A comme B で「A を B とみなす」ともなります．

se regarder　　自分の姿を見る，互いに見つめあう

- Elle s'est regardée dans un miroir.　　彼女は鏡で自分の姿を見た．
  エル セ ルガルデ ダン ザン ミロワール

- Ils se sont regardés sans rien dire.　　彼らは何も言わず見つめあった．
  イル ス ソン ルガルデ サン リヤン ディール

注：代名動詞としての用法です．前者は再帰的，後者は相互用法です．過去分詞の性数一致に注意しましょう．

se regarder comme ＋名詞（人・物）　　自分を～と見なす

- Il se regarde comme un héros.　　彼は自分をヒーローと思っている．
  イル ス ルガルド コ マン エロ

注：思い込みを表すため，いい意味で使われることは少ないようです．

練習問題 ⑲　Exercices

regarder を用いてフランス語にしましょう．

1) 彼は腕時計を見た．

2) 彼女は彼をじっと見つめた．（じっと見つめる：regarder 〜 dans les yeux）

3) 彼は通りを人々が通るのを眺めている．

4) この件はあなたには関係ありません．（この件：cette affaire）

5) 彼女は自分を天才だと思っている．（天才：un génie）

（答えは p. 216）

さ・え・ら　ÇÀ ET LÀ

- **regarder と voir**

regarder は「意識して見る」，voir は「目に入ってくる」という違いがあると説明しましたが，「テレビを見る」は regarder la télé，「映画を見る」は voir un film と言うように，その使い分けは単純ではありません．辞書で1つ1つ確認しておきましょう．

regarder

aimer エメ　20位

愛する，好む（英 love, like）

直説法現在の活用

j'	aime	（ジェーム）	nous	aimons	（ヌ ゼモン）
tu	aimes	（テュ エーム）	vous	aimez	（ヴゼメ）
il	aime	（イ レーム）	ils	aiment	（イル ゼーム）

複合過去：j'ai aimé　（ジェ エメ）　　半過去：　　j'aimais　（ジェメ）
単純未来：j'aimerai　（ジェムレ）　　接続法現在：j'aime　（ジェーム）

人や物について「〜を愛する」「〜が好きだ」という場合に用います．その後に動詞を持ってきて「〜するのが好きだ」もよく使われる用法です．英語では love と like の区別がありますが，フランス語では両方に aimer を用います．では「愛する」と「好き」はどう使い分けるのでしょうか．

― 基本表現 ―

aimer ＋名詞（人）　　　〜を愛している，〜が好きだ

- **Je t'aime.**　　　　　　　君を愛しているよ．
  ジュ　テーム
  注：恋愛の対象として「（人）を愛する」という場合は bien や beaucoup は付けません．bien を付けて Je t'aime bien. と言うと，恋愛の対象としてというより，「（友人として）君が好きだ」という意味になります．

- **J'aime bien Paul.**　　　　私はポールが好きだ．
  ジェーム　ビヤン　ポール

aimer

aimer ＋名詞（動物，物事など）　　〜を好む

- Quels animaux aimez-vous ?
  ケル　ザニモ　エメ　ヴ

  どんな動物が好きですか？

- J'aime les chats.
  ジェーム　レ　シャ

  猫が好きです．

  注：「(一般的に) 〜が好きだ」という場合，aimer の後に来る名詞には「〜というもの」を表す総称の定冠詞を付けます．数えられない名詞（抽象名詞や物質名詞）の場合は単数定冠詞 le（cinéma 映画），la（viande 肉），数えられる名詞の場合は複数定冠詞 les（chiens 犬）を付けます．

- Oui, j'aime ça.
  ウイ　ジェーム　サ

  はい，好きです．

  注：「(一般的に) 〜が好きですか？」と聞かれた場合は，Oui, je l'aime. とは言えず，Oui, j'aime ça. あるいは目的語なしで Oui, j'aime bien. と言わなければなりません．

aimer ＋不定詞　　〜するのが好きだ

- Il aime faire du sport.
  イ　レーム　フェール　デュ　スポール

  彼はスポーツをするのが好きです．

  注：aimer の後に不定詞を持ってきて，「〜するのが好きだ」という言い方になります．

こんな表現も覚えよう

aimer の条件法現在＋不定詞　　〜したいのだが

- J'aimerais bien voyager en France.
  ジェムレ　ビヤン　ヴォワイヤジェ　アン　フラーンス

  フランスを旅行したいな．

  注：aimer を条件法現在にして「〜したいのだが」という，自分の意志や願望を控えめに表す表現になります．bien をともなうことが多いです．

aimer の条件法現在＋ que ＋接続法　　〜して欲しいのだが

- J'aimerais bien que tu viennes demain.
  ジェムレ　ビヤン　ク　テュ　ヴィエンヌ　ドゥマン

  君に明日来て欲しいんだけどな．

  注：aimer の条件法現在の後に que で始まる節を持ってきて「〜して欲しいのだが」という願望を表します．que の後は接続法を用います．

aimer mieux A que B　　　　　BよりAの方が好きだ

- J'aime mieux la mer que la montagne.
  ジェーム　ミュー　ラ　メール　ク　ラ　モンターニュ

  私は山より海の方が好きです．

  注：bien の比較級 mieux を用い，aimer mieux 〜 で「〜の方が好きだ」．préférer 〜 à 〜を用いて Je préfère la mer à la montagne. と言い換えることができます．

aimer

練習問題⑳ Exercices

aimer を用いてフランス語にしましょう．

1) 彼は音楽，特にクラシック音楽が好きだ．（特に：surtout）

2) 私はあまり運転が好きでない．（あまり〜ない：ne 〜 pas tellement）

3) またポールに会いたいな．（また会う：revoir）

4) 君の自転車を貸して欲しいんだけどな．

5) 私はコーヒーより紅茶の方が好きだ．

（答えは p. 216）

さ・え・ら ÇÀ ET LÀ

beaucoup と bien

　beaucoup と bien はともに強調の副詞ですが，aimer とともに用いた場合，程度が異なります．J'aime beaucoup. の方が強く，「とても好きだ」．J'aime bien. は「まあまあ好きだ」くらいの意味になります．

まとめ ②
― 11 位～20 位 ―

(答えは p. 216)

❶ （　）内に入れるのに最も適切なものを 1～3 の中から選びなさい．

1) On le prend (　) un poète.
    1 avec   2 par   3 pour

2) Cette porte donne (　) le jardin.
    1 contre   2 dans   3 sur

3) Il faut une heure (　) aller à l'aéroport en voiture.
    1 d'   2 pour   3 sauf

4) (　) quoi parlez-vous ?
    1 À   2 De   3 Par

5) Elle s'est mise (　) rire.
    1 à   2 de   3 en

6) Il a dit la vérité (　) le savoir.
    1 après   2 dans   3 sans

7) Pour aller à Monaco, nous sommes passés (　) Nice.
    1 par   2 pour   3 sous

8) J'aime mieux le jazz (　) le rock.
    1 pour   2 que   3 sur

❷ 日本語文に対応するフランス語文を完成させるのに，もっとも適切なものを 1～3 の中から選びなさい．

1) 私たちはそのときトゥールーズにいた．
    Nous (　) à Toulouse à ce moment-là.
    1 avons trouvé   2 trouvions   3 nous trouvions

2) 私は明日出発しなければなりません．
    Il faut que je (　) demain.
    1 pars   2 parte   3 partirais

3) 彼らはボルドーで2週間過ごした.
　　Ils (　) deux semaines à Bordeaux.
　　　1 ont passé　　　2 sont passés　　　3 passeraient
4) 彼女たちは見つめあった.
　　Elles (　).
　　　1 ont regardé　　　2 se sont regardés　　　3 se sont regardées
5) あなたに病院まで付き添って欲しいのですが.
　　J'(　) que vous m'accompagniez à l'hôpital.
　　　1 ai aimé　　　2 aimerai　　　3 aimerais

❸ 次の対話を完成させるのにもっとも適切なものを1〜3の中から選びなさい.

1) A: Puis-je prendre une photo ?
　　B: _____ .
　　　1 Vous vous y prenez bien.
　　　2 Vous n'en pouvez plus.
　　　3 Allez-y.
2) A: Comment vous trouvez-vous ?
　　B: _____ .
　　　1 Je trouve que vous allez bien.
　　　2 Je le trouve bien.
　　　3 Je me trouve bien.

croire
クロワール

21位

〜だと思う，信じる（英 believe）

直説法現在の活用

je crois （ジュ クロワ）	nous croyons （ヌ クロワイヨン）
tu crois （テュ クロワ）	vous croyez （ヴ クロワイエ）
il croit （イル クロワ）	ils croient （イル クロワ）

複合過去：j'ai cru　（ジェ クリュ）　　半過去：je croyais　（ジュ クロワイエ）
単純未来：je croirai　（ジュ クロワレ）　接続法現在：je croie　（ジュ クロワ）

croire は「〜だと思う」「〜を信じる」という意味で，様々な構文を取ることができます．その後に名詞も動詞も節も置くことができます．

基本表現

croire ＋名詞（人・物事）　　〜を信じる

- Vous pouvez croire ce témoin.　あの証人は信用できますよ．
　ヴ　　プヴェ　　クロワール　ス　テモワン
  注：croire の後に人が来ると「（その人の言うこと）を信じる」という意味になります．物事が来ると「（そのことを本当だ）と信じる」．

- Je crois ce qu'il dit.　私は彼の言うことを信じます．
　ジュ クロワ ス キル ディ
  注：ce que 〜 で「〜ということ」．

croire ＋不定詞　　〜だと思う，気がする

- Je crois rêver.　夢を見ているようだ．
　ジュ クロワ レヴェ

76　croire

注：croire の後に不定詞を持ってきて「(自分が) ～すると思う」の意味になります．するのが自分以外の場合は次の例文のように que で始まる節を用います．

croire que ＋直説法　　　　～だと思う

- Je crois qu'il a raison.　　　　私は彼が正しいと思う．
  ジュ　クロワ　キ ラ レゾン

  注：que の後は直説法ですが，否定文や疑問文だと que の後は接続法になることに注意してください．

- Je ne crois pas qu'il vienne.　　彼が来るとは思わない．
  ジュ ヌ クロワ パ キル ヴィエンヌ

croire ＋名詞（人・物）＋形容詞　　～を～と思う

- Je crois cet homme innocent.　　私はその男は潔白だと思う．
  ジュ クロワ セット ミノサン

  注：目的語とそれにかかる属詞を取る構文で「～を～だと思う」という意味になります．

こんな表現も覚えよう

croire à / en ＋名詞（価値・存在など）　　～を信じる

- Croyez-vous à une vie après la mort ?　　来世を信じますか？
  クロワイエ ヴ ア ユヌ ヴィ アプレ ラ モール

  注：存在や真実性，価値などを「信じる」という場合は croire à ～ という言い方をします．特に「神の存在を信じる」という場合は前置詞に en を用います．

- Il croit en Dieu.　　彼は神の存在を信じています．
  イル クロワ アン デュー

croire

練習問題㉑ Exercices

croire を用いてフランス語にしましょう．

1) 彼女は私のことを信じてくれません．

2) 私はすでにその男に会ったことがあると思います．

3) 私は明日彼が来ると思います．

4) 彼が病気だとは思えません．

5) 私は彼はとても正直な人だと思います．（正直な：honnête）

（答えは p. 217）

さ・え・ら ÇÀ ET LÀ

フランスの宗教

　croire の名詞は la croyance で「信仰」という意味があります．フランス人は伝統的にカトリックを信仰していますが，近年非宗教化が加速しているようで，自分をカトリック信者であると答える人は，現在では半数程度にすぎないと言われています．毎週教会に行く人は１割にもみたず，特に若者はほとんど行かないというのが実態のようです．

demander 22位

ドゥマンデ

頼む，尋ねる（英 ask）

直説法現在の活用

je	demande	（ジュ ドゥマンド）	nous	demandons	（ヌ ドゥマンドン）
tu	demandes	（テュ ドゥマンド）	vous	demandez	（ヴ ドゥマンデ）
il	demande	（イル ドゥマンド）	ils	demandent	（イル ドゥマンド）

複合過去：j'ai demandé （ジェ ドゥマンデ）　　半過去：je demandais （ジュ ドゥマンデ）
単純未来：je demanderai （ジュ ドゥマンドゥレ）　接続法現在：je demande （ジュ ドゥマンド）

demander は英語の ask と同様，「頼む」と「尋ねる」という2つの意味があります．「～に～を頼む（尋ねる）」という表現で，直接目的語と間接目的語の2つを取ることに注意してください．

基本表現

demander ＋名詞（物事・行為）＋ à ＋名詞（人）　～に～を頼む

- **Je voudrais te demander un petit service.**
  ジュ ヴドレ トゥ ドゥマンデ アン プティ セルヴィス
  ちょっと君に用を頼みたいんだけどな．

  注：demander の基本的な用法です．例文では，à＋名詞（人）の部分（「君に」）は te で置き換えられ，動詞の前に来ています．

demander de ＋不定詞＋ à ＋名詞（人）　～に～するように頼む

- **Je lui ai demandé de venir chez moi.**
  ジュ リュイ エ ドゥマンデ ドゥ ヴニール シェ モワ
  私は彼（彼女）に家に来てくれるように頼んだ．

  注：「～する」という「行為」を頼むときは，demander の後は de ＋不定詞．

demander　79

demander +名詞（物事）+ à +名詞（人）　～に～を尋ねる

- J'ai demandé mon chemin à un passant.　私は通りがかりの人に道を尋ねた.
  ジェ　ドゥマンデ　モン　シュマン　ア　アン　パッサン

  注：「（人）に～を頼む」と同じ構文で「尋ねる」の意味にもなります.

demander à +名詞（人）+ si ～　　～かどうか～に尋ねる

- Il te demande si tu viendras avec lui.
  イル トゥ　ドゥマンド　スィ テュ　ヴィヤンドラ　アヴェック リュイ

  彼は君が彼と一緒に来るかどうか尋ねているよ.

  注：間接疑問文で「～かどうか尋ねる」という意味になります. demander の後に quand や pourquoi などの疑問詞を持ってきて「いつ，なぜ～なのか尋ねる」という間接疑問文も可能です.

- Il me demande quand je viendrai.　彼は私がいつ来るか尋ねている.
  イル ム　ドゥマンド　カン　ジュ　ヴィヤンドレ

こんな表現も覚えよう

demander à +不定詞　　　　　　　～したいと言う，することを求める

- Il demande à boire.　　　　　　　彼は飲み物が欲しいと言っている.
  イル　ドゥマン　ダ　ボワール

  注：demander à +不定詞は「（自分が）～したいと言う」という意味で，demander ～ à +名詞（人）「（人）に～を頼む」とは異なる表現ですから注意してください.

（物事が主語で）demander +名詞（時間・労力など）　～を必要とする

- Ce travail demande trois heures.　この仕事は 3 時間を要する.
  ス　トラヴァイユ　ドゥマンド　トロワ　ズール

  注：物や事柄が主語になって，「～を必要とする」という意味になります.

demander +名詞（人）　　　　　　～を呼び出す

- On vous demande au téléphone.　電話ですよ.
  オン　ヴ　ドゥマンド　ド　テレフォーヌ

  注：demander の代わりに appeler を用いても同じ意味になります.

se demander　　　　　　　　自問する

- **Je me demande** si elle a compris.　彼女が理解したどうかは疑問だ．
  ジュ ム　ドゥマンド　スィ エ ラ　コンプリ

  注：se demander という代名動詞で「自問する，～かどうかと思う」という意味になります．

練習問題㉒　　Exercices

demander を用いてフランス語にしましょう．

1) 彼はあなたに出発する許可を求めています．（許可：la permission）

2) 私は彼に車を貸してくれるように頼んだ．

3) 彼は私にあなたがフランスに来るかどうか尋ねています．

4) 私は彼女がなぜそんなことを言ったのかと思う．

5) その男は発言を求めています．（発言する：parler）

（答えは p. 217）

さ・え・ら　ÇÀ ET LÀ

demander ～ en mariage

　demander ～ en mariage は「（親に）～と結婚したいと申し込む」という意味ですが，面白いのは目的語（～）は女性に限られることです．Il a demandé ma fille en mariage.「彼は私の娘に結婚を申し込んできた」．結婚の申し込みは男性がするものということでしょうか．

rester レステ

23位

とどまる, 残る（英 stay, remain）

直説法現在の活用

je rest**e** （ジュ レスト）	nous rest**ons** （ヌ レストン）
tu rest**es** （テュ レスト）	vous rest**ez** （ヴ レステ）
il rest**e** （イル レスト）	ils rest**ent** （イル レスト）

複合過去：je suis resté(e)　（ジュ スュイ レステ）　半過去：　je restais　（ジュ レステ）
単純未来：je resterai　　　（ジュ レストゥレ）　　接続法現在：je reste　（ジュ レスト）

rester は人や物がある場所や状態に「とどまる」というのが基本的な意味です．英語の stay にあたります．また物や事柄が手付かずで「残っている」という意味でも用い，英語の remain とほぼ同じ意味です．英語の rest には「休む」の意味がありますが，rester にはこの意味はありません．複合過去形の助動詞は être です．

基本表現

● **rester**　　　　　　　　　　　　（そのままの場所に）とどまる

- Elle est restée trois jours à Marseille.　彼女はマルセイユに3日間滞在した．
  エ レ レステ トロワ ジュー ラ マルセイユ

- Le bateau reste au port.　　船は港にとどまったままだ．
  ル バトー レスト オ ポール

  注：人や物が「（そのままの場所に）とどまる」で，この動詞の基本的な用法です．
  人に対して Restez là!「そこにいなさい」と言えます．

82　rester

rester +形容詞など　　　（ある状態の）ままでいる

- Ma mère reste jeune.　　　母はいつまでも若い．

  注：属詞や状況補語が来て「〜のままでいる」という状態を表します．よく使われる表現には rester debout (assis)「立った（座った）ままでいる」，rester immobile「じっとしている」などがあります．

- Mon message reste sans réponse.　私のメッセージには返事がない．

  注：主語が人以外の場合もあります．

il reste +名詞（人・物）　　〜が残っている

- Il reste un peu de viande.　まだ肉が少し残っている．

  注：非人称の用法で，rester の後に来る名詞が意味上の主語になります．Il ne reste plus rien. なら「もう何も残っていない」．

こんな表現も覚えよう

rester à +不定詞　　　〜したままでいる

- Ils restent à discuter.　彼らは議論し続けている．

  注：rester à +不定詞には「まだ〜しなければならない」という意味もあります．Une chose reste à faire. なら「まだやるべきことが1つある」．

il reste à +不定詞　　　〜することが残されている

- Il me reste à finir ce travail.　私はこれからこの仕事を終わらせなければならない．

  注：非人称構文で，à +不定詞が意味上の主語です．例文のように「（人）には」と言いたい場合には，間接目的語（à +人）を用います．

il ne reste plus qu'à +不定詞　あとは〜するばかりだ

- Il ne reste plus qu'à attendre.　あとは待つばかりだ．

  注：これも非人称構文です．

練習問題㉓　Exercices

rester を用いてフランス語にしましょう．

1) 先週末，私は家にいました．

2) 立たないでください．（＝「座ったままでいてください」）

3) 私にはまだ 5 ユーロ残っています．

4) 彼らはおしゃべりし続けている．（おしゃべりする：bavarder）

5) 君はもう断念するしかない．（断念する：renoncer）

（答えは p. 217）

さ・え・ら　ÇÀ ET LÀ

- **faux amis**

　異なる言語間で，綴り字が同じだったり似ている語が異なる意味を持つ場合がありますが，これを空似語，フランス語では faux amis と言います．先に触れた，英語の rest（休む）とフランス語の rester（とどまる）はその例です．他にも，英語の lecture は「講演」ですが，フランス語の lecture は「読書」，英語の actually は「実際に」，フランス語の actuellement は「現在」となるような例があります．

répondre

レポーンドル

24 位

答える（英 answer）

直説法現在の活用

je	répond**s**	（ジュ レポン）	nous	répond**ons**	（ヌ レポンドン）
tu	répond**s**	（テュ レポン）	vous	répond**ez**	（ヴ レポンデ）
il	répond	（イル レポン）	ils	répond**ent**	（イル レポンド）

複合過去：j'ai répond**u** （ジェ レポンデュ）　　半過去：　je répond**ais** （ジュ レポンデ）
単純未来：je répondr**ai** （ジュ レポンドレ）　　接続法現在：je répond**e** （ジュ レポンド）

　répondre は様々な意味で「〜に答える」という場合に用います．例えば「質問に答える」「手紙に返事をする」「招待に応じる」「電話に出る」「期待に沿う」などで，全て répondre à 〜 という表現が可能です．

基本表現

répondre à ＋名詞（人・手紙・電話・質問など）　〜に答える

- Elle n'a pas répondu à mon message.　　彼女は私のメッセージに答えなかった．
  エル　ナ　パ　レポンデュ　ア　モン　メサージュ

  注：répondre à une lettre「手紙に返事を書く」，répondre au téléphone「電話に出る」，répondre à une invitation「招待に応じる」などの表現を覚えましょう．

répondre 〜 à ＋名詞（人・物）　　〜に〜と答える，返事をする

- Elle a répondu non à ma demande.　　彼女は私の要求にノーと答えた．
  エ　ラ　レポンデュ　ノン　ア　マ　ドゥマンド

  注：répondre が「〜（と）」という直接目的語を取る用法です．Elle m'a répondu une longue lettre. なら，「彼女は長文の返事をよこした」となります．

répondre　85

répondre que +直説法　　　　　〜だと答える

- Laurent a répondu qu'il n'en savait rien.
  ロラン　ア　レポンデュ　キル　ナン　サヴェ　リヤン
  ロランはそれについては何も知らないと答えた．

  注：répondre の直接目的語が que 〜 になる場合です．que 以下の内容を「答える」という意味です．que の後は直説法．

こんな表現も覚えよう

répondre à +名詞（努力・期待・要求など）　〜に見合う，応える

- La récompense ne répond pas à mes efforts.
  ラ　レコンパンス　ヌ　レポン　パ　ア　メ　ゼフォール
  その報酬は努力に見合うものではない．

  注：répondre à une attente は「期待に応える」，répondre à une exigence は「要求を満たす」となります．

répondre de +名詞（人・物事）　　〜を保証する，〜に責任を持つ

- Je réponds des dettes de mon fils.　息子の負債は私が引き受けます．
  ジュ　レポン　デ　デット　ドゥ　モン　フィス

  注：de の後には人も来て，Je réponds de lui. と言えば「彼のことは私が責任を持つ」となります．

répondre

練習問題㉔　Exercices

répondre を用いてフランス語にしましょう．

1) 誰も電話に出ない．（誰も〜ない：personne ne 〜）

2) 書面でお答え下さい．（書面で：par écrit）

3) ご期待にお応えするため最善を尽くします．（最善を尽くす：faire de son mieux）

4) 彼女はその質問にイエスと答えた．

5) 彼は来ることはできないと答えた．

（答えは p. 217）

さ・え・ら　ÇÀ ET LÀ

・réponse

　répondre の名詞形は la réponse です．recevoir une réponse「返事を受け取る」, donner une réponse「返事をする」などを覚えておきましょう．Mon message reste sans réponse. は，「メッセージに返事がない」となります．できれば Merci pour votre prompte réponse.「早速のご返信ありがとうございます」といつも言われたいですね．

répondre

entendre
アンターンドル

25位

聞こえる（英 hear）

直説法現在の活用

j' entend**s** （ジャンタン）	nous entend**ons** （ヌ ザンタンドン）
tu entend**s** （テュ アンタン）	vous entend**ez** （ヴ ザンタンデ）
il entend （イル ランタン）	ils entend**ent** （イル ザンタンド）

複合過去：j'ai entendu （ジェ アンタンデュ）　半過去：j'entend**ais** （ジャンタンデ）
単純未来：j'entendr**ai** （ジャンタンドレ）　接続法現在：j'entend**e** （ジャンタンド）

　entendre は「聞こえる」，つまり「音や声が自然と耳に入ってくる」の意味です．似た意味の動詞に écouter がありますが，これは「（意識を集中して）聞く」の意味ですから区別して使う必要があります．entendre にはまた「〜の意味で使う」という用法があり，覚えておきたい表現です．

基本表現

entendre ＋名詞（声・音など）　〜が聞こえる

- **Je vous entends mal.**　あなたの声がよく聞こえません．
  ジュ ヴ ザンタン マル
  注：この vous は「あなたの声（言うこと）」の意味です．

entendre ＋名詞（人・物・動物）＋不定詞　〜が〜するのが聞こえる

- **J'entends les oiseaux chanter.**　鳥がさえずるのが聞こえる．
  ジャンタン レ ゾワゾ シャンテ
  注：entendre の目的語が不定詞の意味上の主語になる言い方です．目的語を動詞の後に持ってきて J'entends chanter les oiseaux. と言うこともできます．

entendre + A（物事）+ par + B（言葉）　　BをAの意味で使う

- Qu'est-ce que vous entendez par là ?

  それはどういう意味ですか（何を言いたいんですか）？

  注：「それをどういう意味で使っているのですか？」、日常会話で「何を言いたいんですか？」という意味でよく用いられる表現です．

こんな表現も覚えよう

entendre +名詞（言葉など）　　〜を理解する

- Comment entendez-vous cette expression ?　この表現をどう理解しますか？

  注：entendre には「理解する，解釈する」という意味があり，comprendre より改まった言い方で用いられます．

entendre parler de +名詞（物・人）　　〜のうわさを耳にする

- Vous avez entendu parler de ce film ?

  その映画のことを聞いたことがありますか？

  注：entendre dire とすると，同じ意味ですが，その後に節が来ます．

- J'ai entendu dire qu'ils ont divorcé.　　彼らが離婚したという話を聞いた．

s'entendre　　仲がいい，気が合う

- Les deux sœurs s'entendent très bien.　2人の姉妹はとても仲がいい．

  注：代名動詞 s'entendre は主語が複数形で「（互いに）理解し合う，仲がいい」の意味になります．次の例のように avec をともなうと「〜と気が合う」の意味です．

- Elle s'entend mal avec sa belle-mère.　　彼女は義理の母と折り合いが悪い．

entendre　89

練習問題㉕ Exercices

entendre を用いてフランス語にしましょう．

1) 通りで物音がします．（主語を on に．物音：du bruit）

2) もう彼の話は聞きたくない．

3) 赤ちゃんが泣いているのが聞こえます．

4) その言葉であなたは何が言いたいのですか？

5) 私は弟ととても気が合う．

（答えは p. 217）

さ・え・ら ÇÀ ET LÀ

• Entendu.

entendre には「理解する」という意味があると述べましたが，その過去分詞 entendu は会話のつなぎの言葉としてよく用いられます．Entendu. あるいは C'est entendu. で「わかりました」．D'accord. C'est d'accord. より少し改まった言い方として用います．Bien entendu. は「もちろん」．これも Bien sûr. より少し改まった言い方になります．

penser パンセ 26位

考える，思う（英 think）

直説法現在の活用

je pense （ジュ パンス）	nous pensons （ヌ パンソン）
tu penses （テュ パンス）	vous pensez （ヴ パンセ）
il pense （イル パンス）	ils pensent （イル パンス）

複合過去：j'ai pensé （ジェ パンセ）　　半過去：je pensais （ジュ パンセ）
単純未来：je penserai （ジュ パンスレ）　　接続法現在：je pense （ジュ パンス）

「考える，思う」という意味の動詞です．単独でも用いられますが，penser à 〜 や，penser ＋不定詞，penser que 〜 など，様々な構文で使われることに注意してください．

基本表現

penser　　考える，思う

● Elle est là ? — Oui, je pense.　　彼女いる？ーいると思うよ．
注：目的語は取らず，「考える，思う」という意味で使われます．「そうは思わない」なら Je ne pense pas. となります．

penser à ＋名詞（人・物）　　〜について考える，思う

● Vous pensez souvent à vos parents ?　あなたは両親のことをよく考えますか？
注：à の後には人や物が来ます．物の場合は y で置き換えて，Oui, j'y pense souvent. と答えることができますが，例文のように人が対象となっている場合は J'y pense. とはならず，Je pense à eux. のように強勢形（moi, toi, lui など）

penser　91

が用いられます．Je leur pense. ともなりませんので注意しましょう．

penser que +直説法　　　〜だと思う

- Je pense qu'elle viendra.　　　彼女は来ると思います．
  ジュ　パンス　ケル　ヴィヤンドラ

- Je ne pense pas qu'elle vienne.　彼女が来るとは思いません．
  ジュ　ヌ　パンス　パ　ケル　ヴィエンヌ

  注：que の後は基本的には直説法の文が続きます．ただし，penser の否定形や疑問形の場合は接続法の文が続くことが多くなります．

こんな表現も覚えよう

penser +不定詞　　　〜しようと思う

- Catherine pense venir demain.　カトリーヌは明日来ようと思っている．
  カトリーヌ　パンス　ヴニール　ドゥマン

  注：「〜しようと思う，するつもりだ」の意味で compter の同義語．次の表現と混同しないでください．

penser à +不定詞　　　忘れずに〜する

- Pensez à me téléphoner !　私に電話するのを忘れないでください！
  パンセ　ア　ム　テレフォネ

  注：例文のように，命令の形でよく使われます．

faire penser à + (物・人)　　〜を思わせる

- Ça me fait penser aux films de Kurosawa.　それは黒澤映画を思わせる．
  サ　ム　フェ　パンセ　オ　フィルム　ドゥ　クロサワ

  注：faire 〜 は使役表現で「〜させる」という意味なので，faire penser à 〜 で「〜を思わせる」となります．

penser

練習問題 ㉖　Exercices

penser を用いてフランス語にしましょう．

1) 私はあなたのようには考えません．

2) それは考えてなかった．

3) あなたは正しいと思います．

4) それが可能だとは思えません．

5) 私は明朝出発するつもりです．

（答えは p. 218）

さ・え・ら　ÇÀ ET LÀ

・『パンセ』

　17世紀の思想家パスカルの『パンセ』*Pensées* は，penser の名詞形 la pensée「思索，考察」から来ています．また，同時代に活躍したデカルトの「我思う，ゆえに我あり」という有名な言葉は，フランス語では Je pense, donc je suis. と言います．意外と簡単な表現が使われていますね．ちなみに，pensée は植物の「パンジー」のことでもあります．

penser　93

arriver
アリヴェ

27位

到着する（英 arrive）

直説法現在の活用

j'	arriv**e**	（ジャリーヴ）	nous	arriv**ons**	（ヌ ザリヴォン）
tu	arriv**es**	（テュ アリーヴ）	vous	arriv**ez**	（ヴ ザリヴェ）
il	arriv**e**	（イ ラリーヴ）	ils	arriv**ent**	（イル ザリーヴ）

複合過去：je suis arrivé(e) （ジュ スュイ ザリヴェ）　半過去：j'arrivais （ジャリヴェ）
単純未来：j'arriverai （ジャリヴレ）　接続法現在：j'arrive （ジャリーヴ）

「到着する」という意味で日常的によく使われる動詞ですが，非人称構文で「～が起こる」という意味でもよく用いられます．

基本表現

arriver ＋前置詞（à, en, chez など）～　～に到着する，やって来る

- Le train arrive à Cannes dans une heure.　列車は1時間後にカンヌに到着します．
  ル　トラン　アリー　ヴァ　カンヌ　ダン　ズュ　ヌール
  注：「～に到着する」という場合の前置詞は à が普通ですが，en France「フランスに」や chez le médecin「医者のところに」のように他の前置詞も使われます．

- L'été arrive bientôt.　　　　　もうじき夏がやって来る．
  レテ　アリーヴ　ビヤント
  注：「(時節が) やって来る」という意味でも arriver が用いられます．

(物事が主語で) arriver à ＋名詞（人）　～に起こる

- Qu'est-ce qui t'arrive?　　　　どうしたの？
  ケ　ス　キ　タリーヴ

arriver

注：arriver には「〜が起こる」という意味があります．「（人）に」は à ＋名詞（人）
で表せます．Ça arrive.「よくあることだ」のようにも用いられます．

こんな表現も覚えよう

il arrive ＋名詞（物事）　　　　〜が起こる

- Il est arrivé un accident terrible.　　ひどい事故が起こった．
  イ　レ　タリヴェ　アン　ナクスィダン　テリーブル

  注：arriver は非人称の il とともに用いられて「〜が起こる」という意味になります．
  arriver の後に来る名詞が意味上の主語になります．この名詞には普通不定冠詞か
  部分冠詞が付きます．

il arrive que ＋接続法　　　　〜ということがある

- Il arrive que nous allions au cinéma après le dîner.
  イ　ラリーヴ　ク　ヌ　ザリヨン　オ　スィネマ　アプレ　ル　ディネ

  私たちは夕食後映画に行くことがある．

  注：非人称構文で que の後に接続法を持ってきて「〜ということがある」という意味
  になります．

arriver à ＋不定詞　　　　〜ができる

- Je n'arrive pas à trouver ma clef.　どうしても鍵が見つからない．
  ジュ　ナリーヴ　パ　ア　トルヴェ　マ　クレ

  注：arriver à ＋不定詞は「首尾よく〜する，できる」という意味で，否定文だと「ど
  うしてもうまく〜できない」というニュアンスで用いられます．

arriver

練習問題㉗　Exercices

arriver を用いてフランス語にしましょう．

1) 私たちは明日ヴェニス（Venise）に到着するでしょう．（単純未来で）

2) あなたに小包が届いています．（小包：un colis）

3) 昨夜その交差点で自動車事故が起こった．（交差点：le carrefour）

4) 私は間違えることがよくある．（間違える：se tromper）

5) どうしても彼を説得できません．（説得する：convaincre）

（答えは p. 218）

さ・え・ら　ÇÀ ET LÀ

J'arrive !

　日常会話で，人に呼ばれたとき，J'arrive ! という言い方をよく耳にします．直訳すれば「私は到着します」ですが，「すぐ行きますよ」という意味になります．話者が相手のところに行く場合にも arriver が用いられるのです．venir にも同じような用法があります（p. 33）．

connaître
コネートル
28位

知っている（英 know）

直説法現在の活用

je	connai**s**	（ジュ コネ）	nous	connaiss**ons**	（ヌ コネソン）
tu	connai**s**	（テュ コネ）	vous	connaiss**ez**	（ヴ コネセ）
il	connaî**t**	（イル コネ）	ils	connaiss**ent**	（イル コネス）

複合過去：j'ai connu　　（ジェ コニュ）　　半過去：　　je connaissais　（ジュ コネセ）
単純未来：je connaîtrai　（ジュ コネトレ）　接続法現在：je connaisse　（ジュ コネス）

　connaître は「知っている」が基本的な意味ですが，「知っている」にも様々なニュアンスがあります．「見聞きして知っている」「面識がある」「知識がある」「経験する」など，いずれも connaître という動詞で表現できます．類語に savoir がありますが，構文上の違いがあります．詳しい用法の違いは savoir の項を見てください（p. 59）．

基本表現

connaître ＋名詞（人・物）　　〜を知っている

- **Connaissez**-vous ce chanteur？　　この歌手を知っていますか？
  コネセ　　　　ヴ ス　シャントゥール

- Je **connais** son adresse.　　彼（彼女）の住所を知っています．
  ジュ　コネ　　ソン　ナドレス

- Je le **connais** de nom.　　彼の名前は知っています．
  ジュ ル　コネ　　ドゥ ノン
  注：このように，connaître は場所や人や事柄を「（見聞きして）知っている」という意味で用いられます．

connaître　97

connaître ＋名詞（人）　　　〜と知り合う

- Je suis très heureux de vous connaître.
  ジュ スュイ トレ ズールー ドゥ ヴ コネートル
  知り合いになれてとてもうれしいです．
  注：初対面のときの挨拶でよく使われる表現です．connaître は「知り合う」「面識がある」という意味でも用いられます．

connaître ＋名詞（言語・物事など）　　　〜の知識がある

- Il connaît son métier.　　　彼は自分の仕事を熟知している．
  イル コネ ソン メティエ
  注：「（学問や技術など）の知識がある」という意味でも使われます．

─こんな表現も覚えよう─

connaître ＋名詞（物事）　　　〜を経験する

- Elle ne connaît pas la jalousie.　彼女は嫉妬というものを経験したことがない．
  エル ヌ コネ パ ラ ジャルズィ
  注：connaître は「〜を経験する，よく知っている」の意味にもなります．

（物事が主語で）connaître ＋名詞（成功など）　〜を得る，有する

- Ce roman a connu un grand succès.　この小説は大成功を収めた．
  ス ロマン ア コニュ アン グラン スュクセ
  注：物や事柄が主語になって，「〜を得る」という意味になります．

se connaître　　　互いに知り合う

- Ils se sont connus en Belgique.　　彼らはベルギーで知り合った．
  イル ス ソン コニュ アン ベルジック
  注：代名動詞 se connaître は「互いに知り合う」という相互的な意味で用いられます．

練習問題 ㉘ Exercices

connaître を用いてフランス語にしましょう．

1) 私はとてもよいカフェを知っている．

2) 私は彼女とイギリス（l'Angleterre）で知り合いになった．

3) あなたは英語ができますか？

4) 彼は生涯に多くの不幸を経験した．（多くの不幸：bien des malheurs）

5) 私たちはずっと以前から知り合いです．（ずっと以前から：depuis longtemps）

(答えは p. 218)

さ・え・ら ÇÀ ET LÀ

• Connais pas.

日常会話で Connais pas. という表現をよく耳にします．Je ne が省略された言い回しですが，単に「私は知らない」ではなく，「関係ないよ，知ったことか」といった意味になります．

connaître

devenir ドゥニール 29位

～になる（英 become）

直説法現在の活用

je deviens	（ジュ ドゥヴィヤン）	nous devenons	（ヌ ドゥヴノン）
tu deviens	（テュ ドゥヴィヤン）	vous devenez	（ヴ ドゥヴネ）
il devient	（イル ドゥヴィヤン）	ils deviennent	（イル ドゥヴィエンヌ）

複合過去：je suis devenu(e) （ジュ スイ ドゥヴニュ）　半過去： je devenais （ジュ ドゥヴネ）
単純未来：je deviendrai （ジュ ドゥヴィヤンドレ）　接続法現在：je devienne （ジュ ドゥヴィエンヌ）

　devenir は「～になる」という生成の意味を表します．être と同じくその後に属詞が来ます．また複合過去形は助動詞に être を取ることに注意してください．

基本表現

devenir ＋属詞（形容詞・名詞）　　～になる

- Il devient de plus en plus difficile.　　彼はだんだん気難しくなる．
  イル ドゥヴィヤン ドゥ プリュ ザン プリュ ディフィシル
  注：devenir の後には être の場合と同様，属詞が来ます．たとえば上の例のように形容詞が来て「～になる」という意味になります．

- Il est devenu avocat.　　彼は弁護士になった．
  イル レ ドゥヴニュ アヴォカ
  注：devenir の後に来る職業を表す名詞は，être の場合と同様，無冠詞になります．

qu'est-ce que / que + devenir　どうなる，何になる

- **Qu'est-ce que tu deviens ?**　どうしてた？
  ケ　ス　ク　テュ　ドゥヴィヤン
  注：久しぶりに会った人などに，「どうしてた？」と尋ねる表現としてよく用いられます．あるいは次のような表現も覚えるといいでしょう．

- **Que devient votre projet ?**　あなたの計画はどうなっていますか？
  ク　ドゥヴィヤン　ヴォートル　プロジェ

こんな表現も覚えよう

il devient +形容詞+ de +不定詞　〜するのが〜になる

- **Il devient impossible de refuser.**　断ることができなくなる．
  イル ドゥヴィヤン　タンポスィーブル　ドゥ　ルフュゼ
  注：非人称構文に使われて「〜するのが〜になる」という意味になります．くだけて il の代わりに ça が使われることもあります．

練習問題 ㉙　Exercices

devenir を用いてフランス語にしましょう．

1) 私はサッカーの選手になりたい．（サッカー選手：un joueur de football）

2) 彼はいつか大臣になるだろう．（大臣：le ministre）

3) 彼女は私の妻になった．

4) 君は何になりたいの？

5) これからはこの車が買えなくなる．（これから：désormais）

（答えは p. 218）

devenir

さ・え・ら ÇÀ ET LÀ

• devenir grand

　devenir grand は「大きくなる」で，grandir と同じ意味になります．このように devenir ＋形容詞はしばしば他の動詞に置き換えることができます．例えば devenir rouge は rougir「赤くなる」，devenir vieux は vieillir「年を取る」，devenir beau は embellir「美しくなる」．他の例を自分で探してみましょう．

sentir

サンティール

30位

感じる，におう（英 feel, smell）

直説法現在の活用

je sens （ジュ サン）	nous sentons （ヌ サントン）
tu sens （テュ サン）	vous sentez （ヴ サンテ）
il sent （イル サン）	ils sentent （イル サント）

複合過去：j'ai senti　（ジェ サンティ）　　半過去：　　je sentais （ジュ サンテ）
単純未来：je sentirai　（ジュ サンティレ）　接続法現在：je sente （ジュ サント）

　sentir には，大きく分けて「感じる」「〜のにおいをかぐ」という他動詞としての用法と，「〜がにおう」という自動詞としての用法があります．se sentir 〜「自分が〜だと感じる」もよく使われます．

基本表現

sentir ＋名詞（感覚・感情など）　　〜を感じる

- **Je sens une douleur.**　　　　　　　痛みを感じる．
  ジュ　サン　ユヌ　ドゥルール

  注：「（感覚，感情など）を感じる」という意味で使われます．sentir la fatigue「疲れを感じる」，sentir le goût du poivre「コショウの味が感じられる」のような使い方があります．sentir 〜＋不定詞なら，「〜が〜するのを感じる」となります．Je sens mon cœur battre「私は心臓が高鳴るのを感じる」．

sentir ＋名詞（物事）　　〜に気付く，〜を意識する

- **Je sens le danger.**　　　　　　　　危険を感じる．
  ジュ　サン　ル　ダンジェ

注：sentir sa faute「自分の過ちに気付く」のように，ある程度分析的に「感じる」ケースです．sentir que 〜 なら，「〜と思う」となります．Je sens que c'est faux.「それは間違いだと私は思う」．

sentir ＋形容詞　　においがする

- Ça sent bon.　　いいにおいだ．
  サ サン ボン

  注：自動詞としての用法で「(物や人が) におう」．bon「いい」，mauvais「悪い」，bizarre「変な」，fort「強い」などの形容詞が用いられます．Ce fromage sent fort. は「このチーズのにおいはきつい」．

sentir ＋名詞（におい・物）　　〜のにおいがする

- Tu sens l'alcool.　　君は酒臭いね．
  テュ サン ラルコール

  注：主語は人あるいは物．Ça を主語にして，Ça sent le tabac ici.「ここ，タバコ臭いね」のような言い方もできます．

こんな表現も覚えよう

se sentir ＋形容詞　　自分が〜だと感じる

- Je ne me sens pas très bien depuis quelques jours.
  ジュ ヌ ム サン パ トレ ビヤン ドゥピュイ ケルク ジュール

  数日前から気分がよくない．

  注：代名動詞の用法で「自分が〜と感じる」．se sentir mieux (mal)「気分がよくなる (気分が悪い)」，不定詞を用いる se sentir mourir「死にそうだ」などの表現も覚えるといいでしょう．

（物事が主語で）se faire sentir　　感じられる，明らかになる

- Le printemps commence à se faire sentir.　　春の気配が感じられるようになってきた．
  ル ブランタン コマン ア サス フェール サンティール

  注：Les effets se feront vite sentir. なら，「効果はすぐに現れるだろう」となります．

練習問題 ㉚ Exercices

sentir を用いてフランス語にしましょう．

1) 私は寒さを感じます．

2) 冬の訪れが感じられる．（on を主語に）

3) ガスのにおいがしますか？（ガスのにおい：une odeur de gaz）

4) この魚は臭くなり始めた．

5) 気分はよくなられましたか？

（答えは p. 219）

さ・え・ら ÇÀ ET LÀ

• におい

「におい」を表す語はいろいろありますが，最も一般的な odeur はよいにおいについても嫌なにおいについても言われます．例えば「バラの香り」は odeur de roses，「カビのにおい」は odeur de moisi．他方 parfum は香水などの芳香を言います．また arôme は植物やコーヒーなどの香りで aromathérapie「芳香剤療法」で用いられます．ワインやリキュールの香りは bouquet，一方「悪臭」には puanteur という語があります．

まとめ ③
— 21位〜30位 —

(答えは p. 219)

❶ (　　) 内に入れるのに最も適切なものを 1〜3 の中から選びなさい．

1) Je crois (　　) ses paroles.
  1 à   2 par   3 sur

2) Je te demande (　　) m'aider.
  1 à   2 de   3 en

3) Il reste (　　) savoir s'il viendra.
  1 à   2 de   3 par

4) Répondez (　　) cette question.
  1 à   2 dans   3 en

5) Qu'est-ce que vous entendez (　　) cette expression ?
  1 avec   2 de   3 par

6) Il pense (　　) l'avenir de son fils.
  1 à   2 dans   3 sur

7) Je n'arriverai pas (　　) finir ce travail avant six heures.
  1 à   2 de   3 pour

8) Je la connais (　　) nom.
  1 avec   2 de   3 sous

❷ 日本語文に対応するフランス語文を完成させるのに，もっとも適切なものを 1〜3 の中から選びなさい．

1) 私は彼女が幸せだとは思いません．
 Je ne crois pas qu'elle (　　) heureuse.
  1 est   2 serait   3 soit

2) 彼はどこであんなきれいな女性と知り合ったんだろう．
 Je (　　) où il a connu une femme si belle.
  1 demande   2 me demande   3 lui demande

3) 私たちは立ったままでした．

   Nous ( ) debout.

   1 avons resté　　2 sommes resté　　3 sommes restés

4) その小説のことは聞いたことがあります．

   J'( ) parler de ce roman.

   1 ai entendu　　2 entendais　　3 entendrais

5) ソフィーはパティシエになった．

   Sophie ( ) pâtissière.

   1 a devenu　　2 est devenue　　3 soit devenue

❸ 次の対話を完成させるのにもっとも適切なものを1〜3の中から選びなさい．

1) A: Tu sens une odeur de brûlé ?

   B: ＿＿＿＿＿＿＿＿＿＿＿＿＿＿＿＿．

   1 Oui, ça sent bon.

   2 Oui, je me sens bien.

   3 Non, je ne sens rien.

2) A: Qu'est-ce qui vous est arrivé ?

   B: ＿＿＿＿＿＿＿＿＿＿＿＿＿＿＿＿．

   1 J'arriverai à la gare cet après-midi.

   2 J'ai eu un accident de moto.

   3 Oui, je suis arrivé à l'hôpital.

sembler サンプレ　31位

〜のように思われる（英 seem）

直説法現在の活用

je semble （ジュ サンブル）	nous semblons （ヌ サンブロン）
tu sembles （テュ サンブル）	vous semblez （ヴ サンブレ）
il semble （イル サンブル）	ils semblent （イル サンブル）

複合過去：j'ai semblé （ジェ サンブレ）　　半過去：je semblais （ジュ サンブレ）
単純未来：je semblerai （ジュ サンブルレ）　接続法現在：je semble （ジュ サンブル）

「〜のように思われる」という意味の動詞です．形容詞，不定詞などと組み合わされますが，Il semble que 〜 や Il me semble que 〜 といった非人称構文で使われるケースが多く，その際，従属節に接続法が用いられることもあります．直説法を用いる場合との区別に注意しましょう．

基本表現

sembler ＋形容詞　　〜のように思われる，〜らしく見える

- Elle semble un peu fatiguée.　　彼女は少々疲れているようだ．
  エル　サンブ　ラン　プ　ファティゲ
  注：主語となっている人や物が，「〜のように思われる」という意味です．人称代名詞の間接目的語を使い，例えば Cette idée me semble intéressante.「私には，このアイディアは面白く見える」のように言うこともできます．

sembler ＋不定詞　　〜するように思われる，〜らしく見える

- Le temps semble s'améliorer.　　天気は回復しそうだ．
  ル　タン　サンブル　サメリオレ

sembler

注：不定詞とともに「～のように思われる，見える」という意味で用いられます．Sarah semblait pleurer. なら「サラは泣いているように見えた」となります．

il semble que +直説法／接続法　～であるように思われる

- **Il semble que** vous avez raison.　あなたが正しいようだ．
  イル　サンブル　ク　ヴ　ザヴェ　レゾン

- **Il** ne **semble** pas **que** vous ayez raison.　あなたが正しいとは思えない．
  イル　ヌ　サンブル　パ　ク　ヴ　ゼイエ　レゾン

  注：よく使われる非人称構文です．que以下の動詞は，確信の度合いが高い場合は直説法に，確信度が低い，もしくは主節が否定形や疑問形のときは接続法になります．「（人）には」と言いたければ，il me semble que ～「私には～のように思われる」のように me, te, lui などの人称代名詞の間接目的語を用い，que 以下は直説法になります．

→こんな表現も覚えよう←

il semble +形容詞+ de +不定詞　～するのは～のように思われる

- **Il** me **semble** nécessaire **de** trouver une autre solution.
  イル　ム　サンブル　ネセセール　ドゥ　トルヴェ　ユ　ノートル　ソリュスィヨン
  私には，別の解決策を見つけることが必要であるように思われる．

  注：非人称構文で de ～ が意味上の主語になります．「（人）には」を加える場合は，人称代名詞の間接目的語を使って表わします．

me semble-t-il　　　　　　思うに

- Vous n'êtes pas d'accord, **me semble-t-il**.　納得されていないようですね．
  ヴ　ネット　パ　ダコール　ム　サンブル　ティル
  注：挿入句として使われます．

練習問題 ㉛　Exercices

sembler を用いてフランス語にしましょう．

1) 彼らは本当に驚いているようだ．（驚いている：surpris）

2) その男性は 30 歳くらいのようだ．

3) 私には彼女が間違っているように思えます．

4) 私には彼に罪があるようには思えません．（罪がある：coupable）

5) 彼女はどうも怒っているらしい．（非人称構文で．怒っている：fâché）

（答えは p. 219）

さ・え・ら　ÇÀ ET LÀ

〜するふりをする

sembler の関連語 semblant は，男性名詞で「見せかけ，外見」という意味です．faire semblant de ＋不定詞で，「〜するふりをする」という意味になります．J'ai fait semblant de ne pas le voir. は「彼に気付かないふりをした」．

tenir
トゥニール

32位

持っている（英 hold, keep）

直説法現在の活用

je tien**s** （ジュ ティヤン）	nous ten**ons** （ヌ トゥノン）
tu tien**s** （テュ ティヤン）	vous ten**ez** （ヴ トゥネ）
il tien**t** （イル ティヤン）	ils tienn**ent** （イル ティエンヌ）

複合過去：j'ai ten**u** （ジェ トゥニュ）　　半過去：je ten**ais** （ジュ トゥネ）
単純未来：je tiendr**ai** （ジュ ティヤンドレ）　接続法現在：je tienn**e** （ジュ ティエンヌ）

tenir は，「（手に）持っている，つかんでいる」が基本的な意味です．prendre が「つかむ，取る」という動作を表すのに対して，「つかんでいる」のように状態を表します．tenir à ～「～に執着する」，代名動詞の se tenir「ある態度，姿勢などを保つ」などもよく使われる表現です．

基本表現

tenir + 名詞（人・物）　　～を持っている，つかんでいる

- **Ma fille tient un ballon rouge.**　娘は赤い風船を持っている．
  マ フィーユ ティヤン タン バロン ルージュ

  注：「～を（手に）持っている」という状態を表す，この動詞の基本的な用法です．tenir le volant「ハンドルを握っている」，tenir la rampe「てすりをつかんでいる」，tenir un enfant「子供を抱いている」など，様々な文脈で用いられます．

tenir + 名詞（人）　　～を引きとめておく

- **Elle m'a tenu(e) une heure.**　彼女は私を1時間引きとめた．
  エル マ トゥニュ ユ ヌール

tenir

注：La police tient le coupable. なら，「警察は犯人を拘束している」となります．

● tenir à ＋名詞（人・物）　　　～に執着する

- Il tient à l'argent.　　　　　　　彼は金に執着している．
  イル ティヤン タ ラルジャン
  注：「～に執着する，愛着を覚える」の意味で用いられます．à の後に不定詞を持ってくることもできます．

- Elle tient à nous accompagner à la gare.　彼女は私たちを駅まで送りたがっている．
  エル ティヤン タ ヌ ザコンパニェ ア ラ ガール
  注：「どうしても～したい，切望する」という意味になります．

● tenir ＋名詞（物・部屋など）＋形容詞　～を～の状態に保つ

- Elle tenait les yeux baissés.　　　彼女は目を伏せていた．
  エル トゥネ レ ズュー ベセ
  注：tenir の後に目的語と属詞を持ってきて「～を～の状態に保つ」という意味で用いられます．

→こんな表現も覚えよう←

● tenir ＋名詞（店・家など）　　　～を経営，管理している

- Il tient un hôtel à Nantes.　　　彼はナントでホテルを経営している．
  イル ティヤン タン ノテ ラ ナント
  注：Cette maison est bien tenue.「この家はよく管理されている」のような受身の形もよく使われます．

● tenir ＋名詞（約束など）　　　～を守る

- Il a bien tenu sa parole.　　　　彼は約束をしっかりと守った．
  イ ラ ビヤン トゥニュ サ パロール
  注：tenir sa parole, tenir sa promesse の形で使われます．

● tenir ＋副詞など　　　　　　　（ある状態で）あり続ける

- Ça tient bien.　　　　　　　　　それはしっかりしている．
  サ ティヤン ビヤン
  注：目的語を持たない，自動詞としての用法です．tenir の後に副詞などを持ってきて，

tenir debout「立ったままでいる」, tenir jusqu'au bout「最後まで持ちこたえる」などのように、「ある状態であり続ける」という意味で用いられます.

tenir compte de +名詞（物事）～を考慮に入れる

- Il faut tenir compte de ce fait. この事実を考慮しなくてはならない.
  イル フォ トゥニール コント ドゥ ス フェ

  注：compte tenu de ～「～を考慮すれば」という形でも使われます.

se tenir +形容詞・副詞など　　（ある態度，姿勢，位置などを）保つ

- Il se tient toujours droit.　　彼はいつも背筋を伸ばしている.
  イル ス ティヤン トゥジュール ドロワ

  注：代名動詞としての用法です．se tenir bien「姿勢，行儀がいい」, se tenir tranquille「おとなしくしている」などの表現を覚えておくといいでしょう．

練習問題㉜　Exercices

tenir を用いてフランス語にしましょう.

1) 彼はハンドルを握っている.

2) 本当にそこへ行きたいと思っているの？

3) ドアを開けておいて！

4) 彼はもう立っていられなかった.

5) あなたの健康を考慮に入れなければいけない.

（答えは p. 219）

さ・え・ら ÇÀ ET LÀ

Tiens ! / Tenez !

tenir の命令形のうち Tiens ! と Tenez ! は，相手に物を差し出すときや注意をひくとき，また，驚きを表わすときにも使われます。「どうぞ」「ほら」「おや」といった感じです。Tenez, voilà votre ticket. は「どうぞ，あなたの切符ですよ」，Tiens, c'est bien étrange ! は「おや，それは変ですね」となります。

comprendre

コンプラーンドル

33位

理解する（英 understand）

直説法現在の活用

je comprends （ジュ コンプラン）	nous comprenons （ヌ コンプルノン）
tu comprends （テュ コンプラン）	vous comprenez （ヴ コンプルネ）
il comprend （イル コンプラン）	ils comprennent （イル コンプレンヌ）

複合過去：j'ai compris （ジェ コンプリ）　　半過去：je comprenais （ジュ コンプルネ）
単純未来：je comprendrai （ジュ コンプラーンドレ）　接続法現在：je comprenne （ジュ コンプレンヌ）

comprendre は「〜を理解する」「〜がわかる」が基本的な意味ですが，「納得する」「もっともだと思う」という，さらに踏み込んだ理解を示す場合にも用いられます．

▶ 基本表現 ◀

comprendre ＋名詞（言葉・考えなど）　〜を理解する，〜がわかる

- **Vous comprenez l'anglais ?**　英語がわかりますか？
  ヴ　　　コンプルネ　　　ラングレ
  注：「（人の言葉や考え）がわかる」という場合にも comprendre が用いられます．

- **Je te comprends bien.**　君の言っていることはとてもよくわかるよ．
  ジュ トゥ　　コンプラン　　　ビヤン

- **J'ai bien compris tes explications.**
  ジェ　　ビヤン　　コンプリ　　テ　　ゼクスプリカスィヨン
  君の説明はとてもよく理解できた．

comprendre

comprendre pourquoi 〜　　どうして〜なのかわかる

- Je ne comprends pas pourquoi elle pleure.
  ジュ　ヌ　コンプラン　パ　プルコワ　エル　プルール

  なぜ彼女が泣くのか私にはわからない．

  注：「なぜ〜なのか」という間接疑問文を導く動詞として用いられます．

comprendre　　わかる

- Tu as compris？
  テュ　ア　コンプリ

  わかったかい？

  注：目的語なしで日常的によく用いられる表現です．単に Compris？とも．J'ai bien compris. は「とてもよくわかりました」．

こんな表現も覚えよう

（物事が主語で）comprendre ＋名詞（物・人）　〜からなる，〜を含む

- Ce roman comprend trois parties.
  ス　ロマン　コンプラン　トロワ　パルティ

  この小説は3部からなる．

  注：主語が物や事柄の場合，comprendre が「〜からなる，〜を含む」の意味になります．

comprendre que ＋接続法／直説法　　もっともだと思う

- Je comprends qu'il ne soit pas content.
  ジュ　コンプラン　キル　ヌ　ソワ　パ　コンタン

  彼が不満なのはもっともだ．

  注：comprendre que の後で接続法を用いると「もっともだと思う，納得する」の意味になります．直説法も可能ですが，その場合は「〜であるとわかる，気付く」でニュアンスに違いがあります．

- J'ai compris qu'il n'était pas content.
  ジェ　コンプリ　キル　ネテ　パ　コンタン

  彼が不満であることがわかった．

（物事が主語で）se comprendre　　理解できる，もっともだ

- Ça se comprend.
  サ　ス　コンプラン

  それはもっともなことだ．

  注：代名動詞 se comprendre は「理解できる，もっともだ」という意味です．

練習問題 ㉝　Exercices

comprendre を用いてフランス語にしましょう．

1) 私は親の態度をもっともだと思う．（態度：l'attitude）

2) その映画を理解するのは難しい．（非人称構文 il est 〜 de ＋不定詞を用いて）

3) 私はなぜ彼が自分の国を離れたかよくわかる．（離れる：quitter）

4) このアパルトマンは 3 つの部屋からなる．（部屋：la pièce）

5) 彼が怒るのはもっともだと思う．

（答えは p. 219）

さ・え・ら　ÇÀ ET LÀ

• **service compris**

　comprendre の過去分詞は compris で，「含まれた」という意味でよく用いられます．以前はレストランやカフェではサービス料が別で，チップ（pourboire）を置くのが習慣でしたが，現在はほとんどがサービス料込み（service compris）で，基本的にはチップを置く必要はありません．

rendre
ラーンドル

34位

返す（英 return）

直説法現在の活用

je	rends	（ジュ ラン）	nous	rendons （ヌ ランドン）
tu	rends	（テュ ラン）	vous	rendez （ヴ ランデ）
il	rend	（イル ラン）	ils	rendent （イル ランド）

複合過去：j'ai rendu （ジェ ランデュ）　半過去：je rendais （ジュ ランデ）
単純未来：je rendrai （ジュ ランドレ）　接続法現在：je rende （ジュ ランド）

rendre は「（借りた物）を返す」が基本的な意味です．属詞をともなって「〜を〜にする」，代名動詞 se rendre「〜に行く」も日常的によく使われる表現です．

→ 基本表現

● rendre ＋名詞（物・人）＋ à ＋名詞（人）　〜に〜を返す

- **Je te rends ton livre.**　本を返すよ．
  ジュトゥ　ラン　トン　リーヴル

  注：rendre は例文にあるように「（借りた物）を返す」ということの他に、「おつりを返す」rendre la monnaie や「挨拶を返す」rendre son salut という場合にも用います．

● rendre ＋名詞（人・物）＋形容詞　〜を〜にする

- **Il a rendu sa femme heureuse.**　彼は妻を幸せにした．
  イラ　ランデュ　サ　ファム　ウールーズ

  注：rendre が目的語と属詞を取る構文で「〜を〜にする」という意味になります．目的語と属詞の性数の一致を忘れないようにしましょう．

118　rendre

rendre visite à ＋名詞（人）　〜を訪問する

- Demain, je leur rendrai visite.　明日彼ら（彼女ら）を訪問するつもりです．
  ドゥマン　ジュ　ルール　ランドレ　ヴィズィット
  注：visiter 〜 と同じ意味です．

こんな表現も覚えよう

rendre compte de ＋名詞（物事）　〜を報告する

- Il a rendu compte d'un accident.　彼は事故の報告をした．
  イ ラ　ランデュ　コント　ダン　ナクスィダン
  注：後で述べる se rendre compte de 〜「〜を理解する」と混同しないようにしましょう．この動詞から作られる compte(-)rendu「報告書」という名詞も覚えておくといいでしょう．

rendre service à ＋名詞（人）　〜の役に立つ

- En quoi puis-je vous rendre service ?　何かお役に立てることはありませんか？
  アン　コワ　ピュイ ジュ　ヴ　ラーンドル　セルヴィス
  注：人に何かを頼むとき，un petit を加えて，Pouvez-vous me rendre un petit service?「ちょっと頼みごとをしてもいいですか」と言うこともできます．

se rendre à ＋名詞（場所・会合など）　〜へ行く

- Elle s'est rendue à Londres.　彼女はロンドンへ行った．
  エル　セ　ランデュ　ア　ローンドル
  注：aller の同義語ですが，aller より改まった言い方です．「赴く」．

se rendre compte de ＋名詞（物事）　〜に気付く，〜を理解する

- Je me suis rendu compte de mon erreur.　私は自分の間違いに気付いた．
  ジュ　ム　スュイ　ランデュ　コント　ドゥ　モン　ネルール
  注：de 〜 を省いて Vous vous rendez compte? とすれば「わかりますか？」ですが，「驚きですよね」といったニュアンスがあります．

se rendre à +名詞（敵など）　　　〜に従う，降伏する

- La France **s'est rendue à** l'Allemagne.　フランスはドイツに降伏した．
  ラ　フラーンス　セ　ランデュ　ア　ラルマーニュ

  注：se rendre à la police なら，「自首する」となります．

練習問題㉞　Exercices

rendre を用いてフランス語にしましょう．

1) 貸したお金を返してください．

2) その小説で彼は有名になった．（「その小説」を主語に）

3) チュニジア（la Tunisie）への旅行を報告してくれますか？

4) 私たちは来月フランスへ行きます．

5) 私はそれが重要であることをようやく悟った．

（答えは p. 220）

さ・え・ら　ÇÀ ET LÀ

- **ランデヴー**

　se rendre à 〜 を使えば「駅へ行って下さい」は Rendez-vous à la gare. と言えますね．この用法と関連しているのが男性名詞の rendez-vous で，「会う約束」「集合場所」の意味があります．donner (un) rendez-vous「会う約束をする」，avoir (un) rendez-vous「約束がある」，annuler un rendez-vous「約束をキャンセルする」などの表現を覚えておきましょう．

attendre
アターンドル

35位

待つ（英 wait）

直説法現在の活用

j'	attend**s**	（ジャタン）	nous	attend**ons**	（ヌ ザタンドン）
tu	attend**s**	（テュ アタン）	vous	attend**ez**	（ヴ ザタンデ）
il	attend	（イ ラタン）	ils	attend**ent**	（イル ザタンド）

複合過去：j'ai attend**u**　（ジェ アタンデュ）　　半過去：　　j'attend**ais**　（ジャタンデ）
単純未来：j'attend**rai**　（ジャタンドレ）　　　接続法現在：j'attend**e**　（ジャタンド）

「〜を待つ」という意味で，他動詞として使われる用法がもっとも一般的ですが，目的語を取らない用法もあります．また「期待する」「予期する」という意味でも使われます．

→基本表現←

● attendre ＋名詞（人・物）　　〜を待つ

- **Je vous attends depuis une heure.**　あなたを1時間前から待っています．
  ジュ　ヴ　ザタン　ドゥピュイ　ユ　ヌール
  注：「待つ」対象は人だけでなく物や事柄の場合もあります．J'attends votre avis.「あなたの意見を待っています」．

● attendre　　待つ

- **Attendez un moment.**　ちょっと待ってください．
  アタンデ　アン　モマン
  注：目的語を取らない自動詞としても「待つ」の意味で用いられます．

attendre de +不定詞　　　　　〜するのを待つ

- Attendez d'avoir vingt ans.　　20歳になるのを待ちなさい．
  アタンデ　ダヴォワール　ヴァン　タン

  注：attendre de の後に不定詞を持ってきて「〜するのを待つ」という用法があります．

attendre que +接続法　　　　　〜が〜するのを待つ

- J'attends qu'il revienne.　　私は彼が戻るのを待ちます．
  ジャタン　キル　ルヴィエンヌ

  注：attendre は que で始まる節をともなって「〜が〜するのを待つ」という意味になります．que の後の動詞は接続法です．

こんな表現も覚えよう

attendre +名詞（物事）+ de +名詞（人）　〜に〜を期待する

- Qu'attendez-vous de moi?　あなたは私に何を期待しているんですか？
  カタンデ　ヴ　ドゥ　モワ

  注：attendre 〜 de 〜で「〜に〜を期待する」の意味があります．

s'attendre à +名詞（物事）／不定詞　〜を予期する

- Je ne m'attendais pas à ça.　　そんなことは考えてもいなかった．
  ジュ　ヌ　マタンデ　パ　ア　サ

  注：代名動詞で「予期する」「覚悟する」という意味になります．「思ってもいなかった」のように否定文の半過去で使われる場合が多いようです．à の後は動詞が来る場合もあります．Je ne m'attendais pas à vous revoir.「あなたにまた会えるなんて思っていませんでした」．

- Je m'y attendais.　　そんなことだろうと思っていたよ．
  ジュ　ミ　アタンデ

  注：成句的表現で s'y attendre は「そのことを予期する」という意味です．

練習問題 ㉟　Exercices

attendre を用いてフランス語にしましょう．

1) 私はいつまでもあなたを待っているでしょう．（いつまでも：pour toujours）

2) 首を長くしてあなたの手紙を待っています．（首を長くして：avec impatience）

3) お待たせしてすみません．（待たせる：faire attendre）

4) 私たちは彼に大いに期待しています．

5) あなたにここでお会いするとは思っていませんでした．

（答えは p. 220）

さ・え・ら　ÇÀ ET LÀ

• en attendant

　居酒屋などで，「とりあえず，ビールでも飲もうか」などとよく言いますが，この「とりあえず」という表現にぴったりなのが en attendant という言い回しです．attendre の現在分詞に en が付いたジェロンディフの形ですが，「さしあたって，とりあえず」という意味で使われる副詞句です．En attendant, on va boire de la bière.

sortir

ソルティール

36位

外へ出る（英 go out）

直説法現在の活用

je	sors	（ジュ ソール）	nous	sortons	（ヌ ソルトン）
tu	sors	（テュ ソール）	vous	sortez	（ヴ ソルテ）
il	sort	（イル ソール）	ils	sortent	（イル ソルト）

複合過去：je suis sorti(e) （ジェ スュイ ソルティ）　半過去　：je sortais （ジュ ソルテ）
単純未来：je sortirai （ジュ ソルティレ）　接続法現在：je sorte （ジュ ソルト）

　sortir は「外へ出る」という意味を基本とする動詞です．そこから派生し「～の出身である」や「出版される」など様々な意味を持ちます．多くの場合，「～から」を表す de とともに用いられます．また「～を取り出す」という意味が中心となる他動詞としての用法もあります．複合過去形の助動詞は，自動詞の場合は être，他動詞の場合は avoir になることに注意してください．

→ 基本表現

sortir　　　　　　　　　　　外へ出る，出かける

- Hier soir, je suis sorti(e) avec mes amis.　昨晩は友達と出かけました．
  イエール ソワール ジュ スュイ ソルティ　アヴェック　メ　ザミ
  注：自動詞としての sortir の基本的な用法です．複合過去形の助動詞は être です．

sortir de ＋名詞（場所・状態など）　～を離れる，～から抜け出す

- Elle est sortie de l'hôpital.　　彼女は退院した．
  エ　レ　ソルティ　ドゥ　ロピタル

124　sortir

注：「(空間的に場)を離れる」という意味から，比喩的な意味に転じて sortir de maladie「病気が治る」，sortir du sujet「主題から外れる」のようにも用いられます．

sortir ＋名詞（物・動物など）　〜を取り出す，外へ出す，救い出す

- Il a sorti son chien.　　　彼は犬を散歩に連れ出した
  イラ ソルティ ソン シヤン

  注：他動詞としての用法で，複合過去形は助動詞に avoir を取ります．de 〜 をともなって，取り出す場所を表わすこともできます．Elle a sorti un mouchoir de sa poche.「彼女はポケットからハンカチを取り出した」．

こんな表現も覚えよう

(本や映画が) sortir　　　出版される，封切られる

- Ce livre vient de sortir.　　この本は出版されたばかりです．
  ス リーヴル ヴィヤン ドゥ ソルティール

  注：自動詞の用法で「(本や映画などの新作が) 出版される，封切られる，(新製品が) 発売される」などの意味になります．

sortir de ＋名詞（家柄,学校など）　〜の出身である

- Elle sort d'une bonne famille.　彼女は良家の出だ．
  エル ソール デュヌ ボンヌ ファミーユ

  注：「(〜の家柄や学校) の出身である」という意味で用いられます．Il est sorti de l'E.N.A.「彼は国立行政学院の出身だ」．

sortir ＋名詞（新製品など）　〜を売り出す

- Peugeot a sorti un nouveau modèle de voiture.　プジョーは新型車を売り出した．
  プジョー ア ソルティ アン ヌーヴォー モデル ドゥ ヴォワテュール

  注：直接目的語を取る他動詞の用法で，sortir un roman「小説を刊行する」，sortir un nouveau film「新作映画を発表する」のようにも使います．

s'en sortir　　　切り抜ける

- Il s'en est bien sorti.　　彼は上手く切り抜けた．
  イル サン ネ ビヤン ソルティ

注：口語的な表現です．Il ne s'en sort plus. なら「彼は困りきっている」となります．

練習問題㊱ Exercices

sortir を用いてフランス語にしましょう．

1) 彼は毎晩外出する．

2) 彼らは劇場を夜 10 時に出た．

3) 彼は子供たちを外へ連れ出した．

4) ランス（Reims）で高速から降りてください．（高速道路：l'autoroute）

5) セドリック・クラピッシュ監督（Cédric Klapisch）は新作を出したところだ．

（答えは p. 220）

さ・え・ら ÇÀ ET LÀ

● partir と sortir

　sortir と意味の似た動詞に partir があります．Il est parti. は「彼は（会社や旅行などへ）行ってしまった」で，戻ることを問題にしていませんが，Il est sorti. は「彼は出かけている」で，またその場に戻ってくることを前提とした言い方になります．

vivre
ヴィーヴル

37位

生きる（英 live）

直説法現在の活用

je	vis （ジュ ヴィ）	nous	vivons （ヌ ヴィヴォン）
tu	vis （テュ ヴィ）	vous	vivez （ヴ ヴィヴェ）
il	vit （イル ヴィ）	ils	vivent （イル ヴィーヴ）

複合過去：j'ai vécu （ジェ ヴェキュ）　半過去：　　je vivais （ジュ ヴィヴェ）
単純未来：je vivrai （ジュ ヴィヴレ）　接続法現在：je vive （ジュ ヴィーヴ）

　vivre は，まず人や生物が「生きる，生きている」という意味で用いられます．そこから，特に人について，「住む，暮らす，生活する」という意味でもよく使われます．他動詞としての用法もあることに注意してください．

➡ 基本表現

● vivre　　　　　　　　　　　　　　生きる，生きている

- Il faut travailler pour vivre.　　　生きるためには働かなくてはならない．
  イル フォ トラヴァイエ　プール ヴィーヴル
  注：vivre は人や生物が「生きる」こと．「生きている」という状態も表します．
- Ce chat vit encore.　　　　　　　この猫はまだ生きている．
  ス シャ ヴィ タンコール

● vivre ＋副詞／状況補語　　　　　暮らす，生活する

- Elle vit seule à la campagne.　　彼女は田舎で一人暮らしをしている．
  エル ヴィ ス ラ ラ カンパーニュ
  注：人について「暮らす，住む，生活する」という意味で用いられますが，この意味

では「どこで，どのように」といった場所や状態を示す副詞や状況補語をともないます．

vivre de ＋名詞（物事）　　　～で生計を立てる，～を糧にする

- Il vit de sa plume.　　　　　彼は文筆で生活を立てている．
  イル ヴィ ドゥ サ プリューム
  注：de の後に名詞が来る場合は無冠詞名詞になります．vivre de légumes「菜食する」．

こんな表現も覚えよう

vivre ＋名詞（出来事など）　　　～を生きる，過ごす

- Il a vécu une vie tranquille.　　彼は平穏な生活を送った．
  イラ ヴェキュ ユヌ ヴィ トランキル
  注：vivre には他動詞としての用法があり，その後に une vie「人生」，des jours「日々」，une époque「時代」などの名詞が来ます．

練習問題 ㊲　Exercices

vivre を用いてフランス語にしましょう．

1) 私は一人で生きて来た．

2) 彼は長生きするだろう．（長く：longtemps）

3) 彼女はブリュッセル（Bruxelles）で両親と暮らしている．

4) 人はパンだけで生きるのではない．（『マタイ伝』より）

5) 彼はつらい日々を送ってきた．（つらい日々：des jours difficiles）

（答えは p. 220）

さ・え・ら　ÇÀ ET LÀ

万歳！

　Vive la France !「フランス万歳！」, Vive le roi !「国王万歳！」など，「～万歳！」と言うときに用いるのが，vivre の接続法現在の3人称単数形 vive です．Vivent les mariés !「新郎新婦万歳！」, Vivent les vacances !「ヴァカンス万歳！」のように複数名詞の場合は複数形の vivent が使われます．

vivre

entrer
アントレ

38位

入る（英 enter）

直説法現在の活用

j'	entre	（ジャントル）	nous	entrons	（ヌ ザントロン）
tu	entres	（テュ アントル）	vous	entrez	（ヴ ザントレ）
il	entre	（イ ラントル）	ils	entrent	（イル ザントル）

複合過去：je suis entré(e)　（ジュ スュイ ザントレ）　　半過去：j'entrais　（ジャントレ）
単純未来：j'entrerai　（ジャントルレ）　　接続法現在：j'entre　（ジャントル）

　entrer は「（中に）入る」という意味ですが，空間的な意味だけではなく，組織や状態に「入る」ことにも使われます．entrer の後には「〜に」という前置詞が必要ですが，よく用いられるのは dans，その他 en や à も用いられます．また他動詞として「〜を入れる」という意味もあることに注意してください．

基本表現

entrer +前置詞（dans, en, à）〜　　〜に入る

- **Le bateau entre dans le port.**　　船が港に入る．
  ル　バトー　アントル　ダン　ル　ポール

  注：「〜に」は基本的に dans が使われますが，en や à も用いられます．en の後は女性名詞で冠詞が省略されます．

- **Le train entre en gare.**　　列車が駅に入ってくる．
  ル　トラン　アントル　ラン　ガール

  注：entrer en scène「舞台に登場する」，entrer en guerre「戦争に突入する」，entrer en Suisse「スイスに入国する」などと言えます．

130　entrer

- Il est entré à l'École normale supérieure.　彼は高等師範学校に入学した．

  注：前置詞が à の場合もあります．entrer au Japon「日本に入国する」．

- Le voleur est entré par la fenêtre.　泥棒は窓から入った．

  注：「～から入る」という場合は par を用います．

→こんな表現も覚えよう

entrer ＋名詞（物・人）　　　～を入れる

- Entrez ce meuble par la fenêtre.　その家具は窓から入れてください．

  注：entrer は他動詞として「～を入れる」の意味があります．助動詞は avoir になります．ただ，この意味では faire entrer の方がよく使われます．

練習問題 ㊳　Exercices

entrer を用いてフランス語にしましょう．

1) 彼らはレストランに入った．

2) 彼女は文学部に入学した．（文学部に：à la faculté des lettres）

3) 世界は戦争に突入しようとしている．

4) あまり細かい点に立ち入らないように！（細かい点に：dans les détails）

5) あなたの車を車庫に入れてください．（車庫：le garage）

（答えは p. 221）

さ・え・ら ÇÀ ET LÀ

入る

　日本語の「入る」を entrer で訳せない場合がいろいろあります。例えば「コーヒーが入った」は Le café est entré. とは言えず、Le café est prêt. となります。「お風呂に入る」も entrer ではなく prendre un bain.

reprendre ルプラーンドル 39位

再び取る（英 resume, take back）

直説法現在の活用

je	reprends	（ジュ ルプラン）	nous	reprenons	（ヌ ルプルノン）
tu	reprends	（テュ ルプラン）	vous	reprenez	（ヴ ルプルネ）
il	reprend	（イル ルプラン）	ils	reprennent	（イル ルプレンヌ）

複合過去：j'ai repris　（ジェ ルプリ）　　半過去：　je reprenais　（ジュ ルプルネ）
単純未来：je reprendrai　（ジュ ルプランドレ）　接続法現在：je reprenne　（ジュ ルプレンヌ）

「取る」という意味の prendre に「再び」という意味の接頭語 re- が付き，「再び取る」となったのが reprendre です．そこから派生して「取り返す」「回復する」「再会する」「繰り返す」など様々な意味になります．

基本表現

reprendre ＋名詞（物・人）　　　〜を再び取る，さらに取る，取り返す

- Il a repris la plume.　　　　　　彼は再びペンを取った．
  イラ　ルプリ　ラ　プリューム

  注：Je voudrais reprendre du café. は「コーヒーがもっと欲しいのですが」，J'ai repris ma valise à la consigne. は「預り所で荷物を引き出した」となります．

reprendre ＋名詞（体力・意識など）　〜を回復する

- Elle a repris des forces.　　　　　彼女は体力を取り戻した．
  エラ　ルプリ　デ　フォルス

  注：「再び取る」から「取り戻す，回復する」という意味になるのは自然ですね．reprendre conscience（courage, confiance）「意識（勇気，信頼）を取り戻す」（いずれも無冠詞）などを覚えておきましょう．

reprendre ＋名詞（仕事など）　〜を再開する

- Elle a repris le travail.
  エ　ラ　ルプリ　ル　トラヴァイユ

  彼女はまた働き始めた．

  注：reprendre ses études なら，「学業を再開する」となります．

ーこんな表現も覚えようー

reprendre ＋名詞（話題など）　〜を繰り返す

- Il reprend toujours les mêmes sujets.　彼はいつも同じ話題を繰り返す．
  イル　ルプラン　トゥジュール　レ　メーム　スュジェ

  注：「(話題，議論など) を繰り返す」という意味になります．

(物事が主語で) reprendre　再び元気になる，再開される

- Les affaires reprennent dans cette entreprise.
  レ　ザフェール　ルプレンヌ　ダン　セッ　タントルプリーズ

  この企業では，取引が活気を取り戻している．

- Les cours ont repris la semaine dernière.　講義は先週再開された．
  レ　クー　ロン　ルプリ　ラ　スメーヌ　デルニエール

  注：主語が物事で，目的語を持たない自動詞としての用法です．

se reprendre　言い直す

- Le juge s'est repris tout de suite.　判事はすぐに言い直した．
  ル　ジュージュ　セ　ルプリ　トゥ　ドゥ　スュイット

  注：代名動詞としての用法です．「自分を取り戻す，気を落ち着ける」という意味もあります．Reprenez-vous! なら，「しっかりしてください」となります．

練習問題㊴ Exercices

reprendre を用いてフランス語にしましょう．

1)（持ってきた）傘を忘れないでください．

2) 彼女は席へ戻った．

3) 彼は意識を取り戻した．

4) 彼は夕食の後，読書を再開した．

5) 寒さが突然ぶり返した．（突然：brusquement）

（答えは p. 221）

さ・え・ら ÇA ET LÀ

re(ré)

　re(ré)- は反復や繰り返しの意味を持つ接頭語で，様々な語句に使われます．la Renaissance「ルネサンス（再生）」，revoir「再会する」などの例があります．また，「反対」「後退」といった意味もあり，la réaction「反作用」，revenir「帰る」のように使われます．

reprendre

porter
ポルテ

40位

41

持つ，身に付けている（英 carry, wear）

直説法現在の活用

je porte （ジュ ポルト）	nous portons （ヌ ポルトン）
tu portes （テュ ポルト）	vous portez （ヴ ポルテ）
il porte （イル ポルト）	ils portent （イル ポルト）

複合過去：j'ai porté （ジェ ポルテ）　　半過去：je portais （ジュ ポルテ）
単純未来：je porterai （ジュ ポルトゥレ）　　接続法現在：je porte （ジュ ポルト）

「持っている」という意味を基本に，「身に付けている」「運ぶ」「もたらす」など多様な意味を持つ動詞です．主語は人だけでなく物事の場合もあり，また代名動詞の se porter は健康状態を表す意味で日常的によく用いられます．

基本表現

porter ＋名詞（物）　　～を持っている

- Elle porte un sac rouge.　　彼女は赤いバックを持っている．
  エル　ポル　タン　サック　ルージュ
  注：「（荷物など）を持っている」という意味が基本ですが，「（責任）を担う」「（関心）を抱く」など，「持つ」から派生する様々な意味で用いられます．

- Il porte une lourde responsabilité.　　彼は重責を担っている．
  イル　ポル　テュヌ　ルルド　レスポンサビリテ

porter

porter ＋名詞（服・装身具など）　　〜を身に付けている

- Ma sœur porte une robe blanche.　私の姉(妹)は白いドレスを着ている．
  マ　スール　ポル　テュヌ　ローブ　ブランシュ
  注：「(服，装身具）を身に付けている」という意味になります．des lunettes「メガネ」，une cravate「ネクタイ」，un chapeau「帽子」，une bague「指輪」などの語彙を覚えましょう．porter la barbe「ヒゲをはやしている」という言い方もあります．

porter ＋名詞（物）　　〜を運ぶ，届ける

- Je vais porter ce colis à la poste.　私はこの荷物を郵便局へ持って行きます．
  ジュ　ヴェ　ポルテ　ス　コリ　ア　ラ　ポスト
  注：運ぶ先は à によって導入されます．porter la main au front なら，「額に手をやる」となります．

こんな表現も覚えよう

（物事が主語で）porter sur ＋名詞（物事）　　〜を対象とする，〜に関わる

- La discussion porte sur la récession.　議論の対象は景気後退だ．
  ラ　ディスキュスィヨン　ポルト　スュール　ラ　レセッスィヨン
  注：主語は物や事柄です．

porter ＋名詞（感情・状態など）　　〜をもたらす，与える

- Personne ne lui a porté secours.　誰も彼（彼女）を助けなかった．
  ペルソンヌ　ヌ　リュイ　ア　ポルテ　スクール
  注：この意味では porter の後に来る名詞は無冠詞になります．porter bonheur (malheur)「幸福（不幸）をもたらす」という表現も覚えるといいでしょう．

porter＋名詞（視線・注意など）＋sur＋名詞（人・物）　〜を〜に向ける，注ぐ

- Il portait son regard sur moi.　彼は私に視線を向けていた．
  イル　ポルテ　ソン　ルガール　スュール　モワ
  注：この用法では，porter son attention sur 〜「〜に注意を向ける」，porter son effort sur 〜「〜に努力を注ぐ」などがよく使われます．

porter

se porter bien / mal　　　体の調子がいい／悪い

- **Comment vous portez-vous？**　　お元気ですか？
  コマン　　ヴ　　ポルテ　　ヴ
  注：代名動詞で健康状態を言う言い回しです．Je me porte bien（mal）．「調子がよい（悪い）」のように答えます．

練習問題㊵　Exercices

porter を用いてフランス語にしましょう．

1) 彼女は青い傘を持っている．

2) フレデリック（Frédéric）は黄色いネクタイをしている．

3) この荷物をフロントまで運んでくれませんか？（フロント：la réception）

4) 彼の批評はその映画のテーマに関するものです．（批評：la critique）

5) 彼女は私に幸福をもたらしてくれた．

（答えは p. 221）

porter

さ・え・ら ÇÀ ET LÀ

● **porter と mettre**

衣服などが話題となる場合，porter は「身に付けている」という「状態」を表します．「着る，付ける」といった「動作」に主眼を置く場合は，mettre や prendre，あるいは「服を着る」を意味する s'habiller を用います．ちなみに，「脱ぐ」は enlever, ôter, se déshabiller などを使って表します．

まとめ ④
— 31位〜40位 —

(答えは p. 221)

❶ (　) 内に入れるのに最も適切なものを 1〜3 の中から選びなさい．

1) Il me semble inutile (　) y aller.
　　1 d'　　　　2 en　　　　3 pour

2) Je tiendrai compte (　) vos conseils.
　　1 avec　　　2 de　　　　3 par

3) Je ne comprends pas (　) elle a fait ça.
　　1 avant qu'　2 pendant qu'　3 pourquoi

4) Elle a rendu visite (　) Théo.
　　1 à　　　　2 de　　　　3 pour

5) (　) attendant, prenons un verre.
　　1 En　　　2 Par　　　3 Sur

6) Il sort (　) sa maison.
　　1 à　　　　2 dans　　　3 de

7) Nous vivons (　) la campagne.
　　1 à　　　　2 pour　　　3 sur

8) Il est entré (　) la porte.
　　1 dans　　　2 de　　　　3 par

❷ 日本語文に対応するフランス語文を完成させるのに，もっとも適切なものを 1〜3 の中から選びなさい．

1) あなたは正しいと思います．
　　Il me semble que vous (　) raison.
　　1 avez　　　2 ayez　　　3 êtes

2) 彼女はストラスブールへ行った．
　　Elle (　) à Strasbourg.
　　1 a rendu　　2 est rendue　　3 s'est rendue

3) 裏切られるとは思ってもいなかった．

　　Je ne (　　) pas à être trahi.

　　　1 m'attends　　2 m'attendais　　3 m'attendrais

4) 彼は来年学業を再開する予定だ．

　　Il (　　) ses études l'année prochaine.

　　　1 reprendra　　2 reprenait　　3 reprenne

5) その男はメガネをかけていた．

　　Cet homme (　　) des lunettes.

　　　1 a porté　　2 portait　　3 porterait

❸ 次の対話を完成させるのにもっとも適切なものを1〜3の中から選びなさい．

1) A: Ça tient bien ?

　　B: _____ .

　　　1 Bien, merci. Et toi ?

　　　2 Non, je ne me sens pas très bien.

　　　3 Pas tout à fait.

2) A: Tu me comprends ?

　　B: _____ .

　　　1 Oui, c'est compris.

　　　2 Oui, je te comprends bien.

　　　3 Oui, tu me comprends bien.

chercher
シェルシェ

41 位

探す（英 look for）

直説法現在の活用

je	cherch**e**	（ジュ シェルシュ）	nous	cherch**ons**	（ヌ シェルション）
tu	cherch**es**	（テュ シェルシュ）	vous	cherch**ez**	（ヴ シェルシェ）
il	cherch**e**	（イル シェルシュ）	ils	cherch**ent**	（イル シェルシュ）

複合過去：j'ai cherché　（ジェ シェルシェ）　　半過去：　je cherchais　（ジュ シェルシェ）
単純未来：je chercherai　（ジュ シェルシュレ）　接続法現在：je cherche　（ジュ シェルシュ）

「探す」が基本的な意味ですが, aller の後では「迎えに行く」「取りに行く」という意味があることに注意してください.

基本表現

chercher ＋名詞（人・物）　　　　〜を探す

- **J'ai cherché** ma clef partout.　　　　私はいたるところ鍵を探した.
  ジェ　シェルシェ　マ　クレ　パルトゥ

- **Je l'ai cherché** dans le parc.　　　　彼を見つけようと公園を探した.
  ジュ　レ　シェルシェ　ダン　ル　パルク
  注：目的語なしで用いることもできます. Tu as bien cherché?「よく探してみた？」.

aller chercher ＋名詞（人・物）　〜を迎えに行く, 〜を取りに行く

- Je **vais chercher** Paul à l'aéroport.　空港へポールを迎えに行きます.
  ジュ　ヴェ　シェルシェ　ポール ア　ラエロポール
  注：aller chercher 〜 とすると「〜を迎えに行く，〜を取りに行く」という意味になることに注意してください. aller だけでなく, venir chercher も同様の意味に

なり、「迎えに（取りに）来る」となります．

- **Venez chercher ma voiture.**　　　私の車を取りに来てください．
　ヴネ　　シェルシェ　マ　ヴォワテュール

こんな表現も覚えよう

chercher à +不定詞　　　　　　　　〜しようと努める

- **J'ai cherché à te comprendre.**　　僕は君を理解しようと努めた．
　ジェ　シェルシェ　ア トゥ　コンプランドル

注：chercher à 〜 で「〜しようと努める」．essayer de 〜 と同じ意味です．

練習問題㊶　　Exercices

chercher を用いてフランス語にしましょう．

1) 机の下を探しましたか？

2) 彼女は職を探しています．（職：un emploi）

3) 彼は毎朝私を迎えに来ます．

4) 彼はあなたを迎えに駅に行きましたよ．

5) 彼女を説得するよう試みてください．

（答えは p. 221）

さ・え・ら　ÇÀ ET LÀ

- ***Chacun cherche son chat.***

1996年のセドリック・クラピッシュ監督作品の『猫が行方不明』の仏題は *Chacun cherche son chat.* 直訳すると「みなそれぞれ自分の猫を探している」．ch（シュ）の音の繰り返しで覚えやすい題名ですね．

chercher

revenir
ルヴニール

42位

戻って来る（英 come back）

直説法現在の活用

je reviens （ジュ ルヴィヤン）	nous revenons （ヌ ルヴノン）
tu reviens （テュ ルヴィヤン）	vous revenez （ヴ ルヴネ）
il revient （イル ルヴィヤン）	ils reviennent （イル ルヴィエンヌ）

複合過去：je suis revenu(e) （ジュ スュイ ルヴニュ）　　半過去：je revenais （ジュ ルヴネ）
単純未来：je reviendrai （ジュ ルヴィヤンドレ）　　接続法現在：je revienne （ジュ ルヴィエンヌ）

revenir は venir に「再び」を意味する接頭語 re- の付いたもので，「再び来る」が基本的な意味です．そこから「(ある場所や元の状態に) 戻る」「回復する」「立ち直る」などの意味が生まれます．à「〜に」，de「〜から」などの前置詞とともに使われることが多いので注意しましょう．

基本表現

revenir　　再び来る

- **Elle est revenue me voir.**
  エ　レ　ルヴニュ　ム　ヴォワール
  彼女はまた私に会いに来た．
  注：「再び来る」というこの動詞の基本的な意味です．主語は物でもよく，Le printemps est revenu. と言えば「また春がやって来た」となります．

revenir　　戻って来る

- **Je reviens tout de suite.**
  ジュ　ルヴィヤン　トゥ　ドゥ　スュイット
  すぐ戻ります．
  注：人が「(元の場所に) 戻って来る」．人以外のものが主語になって「回復する」「繰

り返し現れる」などの意味にもなります．Le beau temps est revenu.「天候が回復した」，Ce mot revient souvent dans le texte.「この語はしばしば本文中に現れる」．

revenir de ＋名詞（場所など）　　〜から戻って来る，立ち戻る

- Elle est revenue de l'école.　　彼女は学校から戻って来た．
  エ　レ　ルヴニュ　ドゥ　レコール

  注：venir 同様，de「〜から」との組み合わせはよく使われます．「立ち戻る」という意味では，revenir d'une maladie「病気から回復する」，revenir de ses erreurs「過ちから抜け出す」のような例があります．

こんな表現も覚えよう

revenir à ＋名詞（物事・人）　　〜に戻る

- Il est revenu à la vie.　　彼は意識を取り戻した．
  イ　レ　ルヴニュ　ア　ラ　ヴィ

- Le courage lui est revenu.　　彼（彼女）は勇気を取り戻した．
  ル　クラージュ　リュイ　エ　ルヴニュ

  注：同じ「〜に戻る」でも，最初の例文は「(人)がある状態に戻る」という意味です．revenir à la santé「健康を回復する」のようなケースです．2番目の例文は，物などが「(人)のもとに戻る」という意味で，「(人)のもとに」の部分は人称代名詞の間接目的語によって表わされます．Ça me revient !は，「思い出した」となります．

revenir sur ＋名詞（もとの話題・問題など）　　〜に立ち戻る

- Vincent est revenu sur ses pas.　　ヴァンサンは引き返した．
  ヴァンサン　エ　ルヴニュ　スュール　セ　パ

  注：その他，revenir sur la question「その問題に戻る」，revenir sur le passé「過去の話を蒸し返す」のような例があります．

en revenir　　回復する

- Ce malade n'en reviendra pas.　　その患者は回復しないだろう．
  ス　マラド　ナン　ルヴィヤンドラ　パ

  注：en を含む成句的表現で「(病気などから)回復する」などの意味になります．否定形の n'en revenir pas には，「非常に驚く」という意味もあります．Je n'en reviens pas !は，「びっくりした！」です．

練習問題㊷　Exercices

revenir を用いてフランス語にしましょう．

1) また明日伺います．

2) 寒さがぶり返した．

3) ファビエンヌ（Fabienne）はイタリアから戻って来た．

4) 食欲が戻って来た．（食欲：l'appétit）

5) その件にはもう触れたくありません．

（答えは p. 222）

さ・え・ら　ÇÀ ET LÀ

Revenons à nos moutons.

　この文を直訳すると「我々の羊に戻りましょう」となりますが，「話をもとに戻しましょう」という意味の成句です．これは中世の笑劇『ピエール・パトラン先生』に由来するもので，興奮のあまり羊と羅紗(ラシャ)に関する 2 つの話を混同してしまう登場人物に向けられたセリフです．そこから「話をもとに戻しましょう」という成句が生まれたのです．

appeler
アプレ

43位

呼ぶ（英 call）

直説法現在の活用

j'appell**e** （ジャペル）	nous appel**ons** （ヌ ザプロン）
tu appell**es** （テュ アペル）	vous appel**ez** （ヴ ザプレ）
il appell**e** （イ ラペル）	ils appell**ent** （イル ザペル）

複合過去：j'ai appelé　（ジェ アプレ）　　半過去：　　　　j'appelais　（ジャプレ）
単純未来：j'appellerai　（ジャペルレ）　　接続法現在：j'appelle　（ジャペル）

　appeler は「（医者）を呼ぶ」「（電話に）呼び出す」「（名前）を呼ぶ」など，様々な意味で「呼ぶ」行為を表します．必ず目的語を取りますが，「AをBと呼ぶ」のように目的語を2つ取る用法もあります．また代名動詞で「〜という名前です」という意味でも日常的によく使われる動詞です．

基本表現

● **appeler ＋名詞（人・物）　　〜を呼ぶ，〜に来てもらう**

- Appelez-moi un taxi, s'il vous plaît.　私にタクシーを呼んでください．
  アプレ　　モワ　アン タクスイ スィル　ヴ　　プレ
  注：目的語を取って「〜を呼ぶ，〜に来てもらう」という意味になります．「医者を呼ぶ」appeler le médecin,「警察を呼ぶ」appeler la police.

● **appeler ＋名詞（人）＋ au téléphone　　〜を電話に呼ぶ，〜に電話をかける**

- On vous appelle au téléphone !　電話ですよ！
  オン　ヴ　　ザペル　　ロ　テレフォーヌ

appeler **147**

注：téléphoner à 〜「〜に電話をかける」と同じ意味です．au téléphone は省略することもできます．

- Je t'appellerai ce soir.　　　　今晩電話するからね．
  ジュ　タペルレ　ス　ソワール

s'appeler ＋人名　　　　〜という名前である

- Comment vous appelez-vous？　お名前は？
  コマン　ヴ　ザプレ　ヴ

  － Je m'appelle Isabelle Monier.　イザベル・モニエと言います．
  ジュ　マペル　イザベル　モニエ

  注：代名動詞 s'appeler 〜 で「〜という名前である」．ぜひ覚えておきたい表現です．

─こんな表現も覚えよう─

appeler ＋ A（人・物事）＋ B（名前など）　　AをBと呼ぶ

- Il a appelé son chien Chocolat.　彼は飼い犬をショコラと名付けた．
  イラ　アプレ　ソン　シヤン　ショコラ

  注：「AをBと呼ぶ，名付ける」という意味になります．

- Comment appelle-t-on ça？　それは何と言われるものですか？
  コマン　アペル　トン　サ

  注：物の名前がわからないときは，このように聞けばいいでしょう．答えは次のようになります．

- On l'appelle « kyu-su ».　急須と言います．
  オン　ラペル　キュウス

練習問題 ㊸　Exercices

appeler を用いてフランス語にしましょう．

1) 彼らはすぐに警察を呼んだ．

2) 3 時頃電話してください．

2) この花は何という名前ですか？

4) 人は彼のことを《 docteur 》と呼んでいる．

5) 彼は証人として呼ばれている．（on を主語にして．証人として：en témoignage）

（答えは p. 222）

さ・え・ら　ÇÀ ET LÀ

appellation

　動詞 appeler の名詞は l'appellation です．フランスのチーズやワインには「原産地統制名称」という制度があり，appellation d'origine contrôlée（AOC）と言います．チーズならロックフォール，カマンベールなどが AOC，ワインならボルドー，ブルゴーニュに多くの AOC ワインがあります．

mourir ムリール

44位

死ぬ（英 die）

直説法現在の活用

je meurs （ジュ ムール）		nous mourons （ヌ ムロン）
tu meurs （テュ ムール）		vous mourez （ヴ ムレ）
il meurt （イル ムール）		ils meurent （イル ムール）

複合過去：je suis mort(e) （ジュ スュイ モール(ト)） 　半過去： je mourais （ジュ ムレ）
単純未来：je mourrai （ジュ ムレ） 　接続法現在：je meure （ジュ ムール）

mourirは「死ぬ」．人が「死ぬ」場合はもちろんですが，植物が「枯れる」，憎しみが「消える」，日が「暮れる」などのように，消え去って行くものに広く用いられます．強調するとき,日本語でも「死ぬほど～」と言いますが，同じような言い回しがフランス語にもあります．助動詞はêtreを用います．

基本表現

(人・動物が主語で) mourir 　　死ぬ

- Il est mort dans un accident. 　彼は事故で死んだ．
  イ　レ　モール　ダン　ザン　ナクスィダン

  注：mourir à la guerre「戦争で死ぬ」，mourir jeune「若死にする」などの表現も覚えるといいでしょう．

(植物・物事が主語で) mourir 　　(植物が) 枯れる，(日が) 暮れる

- Les feuilles sont mortes. 　葉が枯れた．
  レ　フイユ　ソン　モルト

  注：比喩的に「死ぬ」，例えば植物が「枯れる」の意味でも用いられます．同様に「日が暮れる」は Le jour meurt.

mourir

mourir de ＋名詞（病気など）　　〜がもとで死ぬ，死ぬほど〜だ

- Il est mort d'un cancer.　　彼はガンで死んだ．
  イ　レ　モール　ダン　カンセール

  注：mourir de の後に，病気などの死因を表す名詞が来ます．d'une crise cardiaque「心臓発作で」．また mourir de の後に無冠詞名詞が来ると「死ぬほど〜だ」という表現になります．

- Je meurs d'envie de la voir.　　彼女に会いたくてたまらない．
  ジュ　ムール　ダンヴィ　ドゥ　ラ　ヴォワール

こんな表現も覚えよう

à mourir　　死ぬほど

- Je t'aime à mourir.　　死ぬほど君が好きだ．
  ジュ　テーム　ア　ムリール

  注：s'ennuyer à mourir「死ぬほど退屈する」のようにも使います．

練習問題㊹　Exercices

mourir を用いてフランス語にしましょう．

1) 彼は戦死した．

2) 私の母は自動車事故で死んだ．

3) 暑さのせいで花が枯れてしまった．（〜のせいで：à cause de 〜）

4) お腹がすいて死にそうだ．

5) 私は眠くて死にそうだ．

（答えは p. 222）

mourir　151

さ・え・ら ÇÀ ET LÀ

• mourir と décéder

　日本語でもそうですが，mourir「死ぬ」という言葉は露骨なので，それを避ける改まった言い方があります．décéder「亡くなる」，disparaître「姿を隠す」，expirer「息をひきとる」，trépasser「逝去する」などの表現です．

partir

パルティール

45位

出発する（英 leave, start）

直説法現在の活用

je	par**s**	（ジュ パール）	nous	part**ons**	（ヌ パルトン）
tu	par**s**	（テュ パール）	vous	part**ez**	（ヴ パルテ）
il	par**t**	（イル パール）	ils	part**ent**	（イル パルト）

複合過去：je suis parti(e)　（ジュ スュイ パルティ）　　半過去：　je partais　（ジュ パルテ）
単純未来：je partirai　（ジュ パルティレ）　　接続法現在：je parte　（ジュ パルト）

partir は「出発する，出かける」が基本的な意味で，その後には「～に向けて」あるいは「～から」のように，目的地や起点を示す pour や de などの前置詞をともなって用いられることの多い動詞です．意味の似ている動詞に sortir「外出する」がありますが，違いは sortir の項を見てください．

→ 基本表現

■ partir pour + 名詞（場所）　　～に向けて出発する

- Demain, je pars pour Paris.　　明日，パリに出発します．
  ドゥマン　ジュ　パール　プール　パリ
  注：aller「行く」との意味上の類似から，Je pars à Paris. と言いたくなりますが，正しくは pour を使います．ただし，日常会話では partir à もよく使われています．

■ partir de + 名詞（場所・起点）　　～から出発する，出てくる

- Quand partez-vous de Genève？　いつジュネーヴを発たれるのですか？
  カン　パルテ　ヴ　ドゥ　ジュネーヴ
  注：この表現は，場所だけでなく，様々な起点を表わす名詞とともに用いられます．

partir　153

例えば，partir de zéro「ゼロから出発する」，partir d'une hypothèse「ある仮説から始める」などがあります．

partir en +名詞（旅行など）　　　～に出かける

- Je pars en vacances samedi prochain.　来週の土曜日，ヴァカンスに出かけます．
  ジュ　パー　ラン　ヴァカンス　　サムディ　プロシャン
  注：partir en voyage「旅行に出かける」も合わせて覚えましょう．

partir +不定詞　　　～しに出かける

- Sylvie est partie faire les courses.　シルヴィーは買い物に出かけた．
  スィルヴィ　エ　パルティ　フェール　レ　クルス
  注：partir の後に不定詞を持ってきて「～しに出かける」の意味になります．aller +不定詞が「～しに行く」であったことを思い出しましょう．

こんな表現も覚えよう

partir　　　動き出す，始まる

- Ce train part à dix heures.　この列車は 10 時発です．
  ス　トラン　パー　ラ　ディ　ズール

- C'est parti !　さあ始まった！
  セ　パルティ
  注：2 番目の例文は，レースが始まったときなどに用いられます．C'est bien (mal) parti ! と言えば，「出だしがよい（悪い）」の意味になります．

à partir de +名詞（場所，時間など）　～から

- À partir du 1er septembre, je m'arrête de fumer !　9 月 1 日から禁煙します！
  ア　パルティール　デュ　プルミエ　セプターンブル　　ジュ　マレット　ドゥ　フュメ

- Le plastique est fabriqué à partir du pétrole.　プラスチックは石油から作られます．
  ル　プラスティック　ケ　ファブリケ　ア　パルティール　デュ　ペトロール
  注：「～から」という意味ですが，場所，時間，材料など，「起源」に関連した様々な意味で用いられます．

練習問題 ㊺ Exercices

partir を用いてフランス語にしましょう．

1) もうお帰りですか？

2) 今日アメリカへ出発するの？

3) 今晩羽田から出発します．

4) 私の両親はヴァカンスに出かけました．

5) それは右から2番目の家です．（右から：à partir de la droite）

（答えは p. 222）

さ・え・ら ÇÀ ET LÀ

・しみが落ちる

「このしみはなかなか落ちない」と言いたい場合 partir を用います．Cette tache ne part pas facilement. 日本語からすれば奇妙な表現に思われるかもしれませんが，「出発する」は「そこからいなくなる」ことですから，物について言えば partir は「（ボタンが）取れる，（しみが）落ちる，（痛みが）消える」など，「物がなくなる」様々な状況で用いられることになります．

jeter
ジュテ

46位

投げる，捨てる（英 throw）

直説法現在の活用

je	jett**e**	（ジュ ジェット）	nous	jet**ons**	（ヌ ジュトン）
tu	jett**es**	（テュ ジェット）	vous	jet**ez**	（ヴ ジュテ）
il	jett**e**	（イル ジェット）	ils	jett**ent**	（イル ジェット）

複合過去：j'ai jeté （ジェ ジュテ）　　半過去：　　je jet**ais** （ジュ ジュテ）
単純未来：je jetter**ai** （ジュ ジェットゥレ）　接続法現在：je jett**e** （ジュ ジェット）

jeter は他動詞として用いられ，「(物)を投げる，捨てる」が基本的な意味ですが，「投げる」という動作から連想される様々な行為に用いられます．代名動詞 se jeter「飛び込む」もよく使われます．

基本表現

jeter ＋名詞（物）　　　〜を投げる，捨てる

● **Il a jeté** sa lettre à la poste.　　彼は手紙をポストに投函した．
　イラ ジュテ サ　レットゥ ラ ラ ポスト

注：jeter はその後に名詞を持ってきて「〜を投げる，捨てる，放つ」などの意味になります．具象物だけでなく，「視線，光，言葉」なども「投げかける，放つ」という意味で使えます．

● **Il a jeté** un coup d'œil sur cette femme.　　彼はその女性を一瞥した．
　イラ ジュテ アン　ク　ドゥイユ スュール セット　ファム

注：un coup d'œil は「ちらりと見ること」で，jeter un coup d'œil sur 〜 は「〜を一瞥する」という意味になります．同じ意味で jeter の代わりに donner を使うこともできます．

156　jeter

こんな表現も覚えよう

jeter＋名詞（人・物）＋dans＋名詞（状態）　～を～の状態に投げ込む

- Cela l'a jeté dans un grand embarras.　それは彼を大いに当惑させた．
  スラ　ラ　ジュテ　ダン　ザン　グラン　タンバラ

  注：jeter は人や物を「～の状態に投げ込む，陥れる」といった意味でも使われます．

se jeter　　　　　　　　　　　　　　　　身を投げる

- Il s'est jeté à l'eau.　　　　　　　　　　彼は水に飛び込んだ．
  イル　セ　ジュテ　ア　ロ

  注：代名動詞 se jeter で「身を投げる，飛び込む」．その後に前置詞 sur や contre を持ってくると「～に飛びかかる，衝突する」の意味になります．

- Il s'est jeté sur son adversaire.　　　　彼は敵に飛びかかった．
  イル　セ　ジュテ　スュール　ソン　ナドヴェルセール

練習問題 ㊻　　Exercices

jeter を用いてフランス語にしましょう．

1) この靴をゴミ箱に捨ててください．（ゴミ箱：la poubelle）

2) 彼らは叫び声を上げた．（叫び声：des cris）

3) 彼は窓から飛び降りた．

4) ピエールは母親の腕に飛び込んだ．（～の腕に：dans les bras de ～）

5) 彼は息子を外に追い出した．（外に：dehors）

（答えは p. 223）

jeter　157

さ・え・ら　ÇÀ ET LÀ

• jetable

　jetable は「使い捨ての」という意味の形容詞で，動詞 jeter と「〜できる」を意味する接尾語 -able が合体してできた言葉です．un briquet jetable「使い捨てライター」．-er 動詞と -able が合体した形容詞はまだ他にあります．探してみましょう．mangeable「食べられる」, cassable「壊れやすい」….

suivre

スュイーヴル

47位

ついて行く，従う（英 follow）

直説法現在の活用

je	sui**s**	（ジュ スュイ）	nous	suiv**ons**	（ヌ スュイヴォン）
tu	sui**s**	（テュ スュイ）	vous	suiv**ez**	（ヴ スュイヴェ）
il	sui**t**	（イル スュイ）	ils	suiv**ent**	（イル スュイーヴ）

複合過去：j'ai suivi （ジェ スュイヴィ）　　半過去：　je suivais （ジュ スュイヴェ）
単純未来：je suivrai （ジュ スュイヴレ）　　接続法現在：je suive （ジュ スュイーヴ）

suivre は，基本的には人が主語となって「〜について行く」「（規則などに）従う」「（話などを）理解する」などの意味を持ちますが，物や事柄が主語になって「〜が続いて起こる」という意味にもなります．

基本表現

suivre ＋名詞（人・物）　　〜について行く，〜をたどる

- Suivez-moi.　　　　　　　私について来てください．
  スュイヴェ　モワ

- Suivez ce chemin.　　　　この道に沿って行ってください．
  スュイヴェ　ス　シュマン

  注：suivre の基本的な用法で「〜について行く」「〜をたどる」の意味になります．そこから派生して，次の例のように「（話など）について行く→理解する」という意味にもなります．

- Vous me suivez ?　　　　私の説明がわかりますか？
  ヴ　ム　スュイヴェ

suivre　**159**

suivre ＋名詞（授業・治療など）　〜を受ける

- Il a suivi un cours de français.　彼はフランス語の授業を受けた．
  イ ラ スュイヴィ アン　クール　ドゥ　フランセ
  注：ダイエットなどにも suivre が用いられます．Elle suit un régime pour maigrir.
  「彼女はやせるためにダイエットをしています」．

suivre ＋名詞（忠告・規則など）　〜に従う

- Je suivrai tes conseils.　　　　君の忠告に従うよ．
  ジュ スュイヴレ　テ　コンセイユ
  注：人が「(忠告，規則・考え・世論，流行など)に従う」という意味で用いられます．

こんな表現も覚えよう

(物事が主語で) suivre ＋名詞（物事）　〜に続く

- Le soleil a suivi la pluie.　　　雨の後に陽が出た．
  ル　ソレイ ヤ スュイヴィ ラ プリュイ
  注：主語を物事にすると，「〜に続く」の意味になります．時間的，空間的両方のケースに使えます．

suivre　　　　　　　　　　　後に続く

- Nous en discuterons dans les pages qui suivent.
  ヌ　ザン ディスキュトゥロン　ダン　レ　パージュ　キ　スュイーヴ
  それについては，以下のページで議論する予定である．
  注：目的語をともなわない，自動詞としての用法です．「(時間的,空間的に) 次に来る，後に続く」という意味になります．

練習問題㊼　Exercices

suivre を用いてフランス語にしましょう．

1) 私の犬はどこへでも私の後について来る．

2) あなたの理屈にはついて行けません．（理屈：le raisonnement）

3) 彼女は治療を受けた．（治療：un traitement）

4) 彼らは流行を追うのが好きだ．（流行：la mode）

5) 冬の次には春が来る．

（答えは p. 223）

さ・え・ら　ÇÀ ET LÀ

e-mail（courriel）

　フランス語版のウェブメールやメールソフトを使ったことはありますか？「転送」を表す際, faire suivre がよく使われますので覚えておきましょう（transmettre や transférer も使われます）．ちなみに,「返信」は répondre,「送信」は envoyer,「保存」は sauvegarder, もしくは enregistrer,「印刷」は imprimer,「削除」は supprimer となります．

suivre

écrire
エクリール

48位

書く（英 write）

直説法現在の活用

j'	écris	（ジェクリ）	nous	écrivons	（ヌ ゼクリヴォン）
tu	écris	（テュ エクリ）	vous	écrivez	（ヴ ゼクリヴェ）
il	écrit	（イレクリ）	ils	écrivent	（イル ゼクリーヴ）

複合過去：j'ai écrit （ジェ エクリ）　半過去：　　j'écrivais （ジェクリヴェ）
単純未来：j'écrirai （ジェクリレ）　接続法現在：j'écrive （ジェクリーヴ）

écrire は「書く」が基本的な意味で，文字，文章，数字，手紙，本など，文字の表現であれば全て écrire が使えます．楽譜にも使え，écrire de la musique「作曲する」という言い方ができます．目的語なしで「手紙を書く」という表現も覚えてください．

基本表現

écrire ＋名詞（文字・文章・手紙など）　～を書く，綴る

- **J'ai écrit une longue lettre à ma mère.**　母に長い手紙を書いた．
  ジェ エクリ ユヌ ロング レットル ラ マ メール
  注：écrire の目的語は un mot「単語」，un nom「名前」，une lettre「手紙」，un roman「小説」など，文字に関するものなら何にでも使えます．

- **Je ne sais pas écrire son nom.**　私は彼（彼女）の名前の綴りがわからない．
  ジュ ヌ セ パ エクリール ソン ノン

écrire 　　字を書く，手紙を書く

- Il écrit bien. 　　彼は文章がうまい（達筆だ）．
  イ　レクリ　ビヤン
  注：écrire は目的語を取らない自動詞としても用いられ，「字，文章を書く」という意味になります．また「手紙を書く」という意味でも日常的によく使われます．

- Il écrit souvent à son père. 　　彼は父親によく手紙を書きます．
  イ　レクリ　スヴァン　ア　ソン　ペール

こんな表現も覚えよう

（スペルなどが）s'écrire 　　書かれる，綴られる

- Comment ça s'écrit, ton nom ? 　　君の名前はどう綴るの？
  コマン　サ　セクリ　トン　ノン
  注：単語や名前の綴りがわからなかったら，代名動詞 s'écrire を使って上のように聞けばいいでしょう．

練習問題 48　Exercices

écrire を用いてフランス語にしましょう．

1) 君の名前をこの紙に書いてください．（紙：une feuille）

2) 彼は恋愛小説を書くつもりでいる．（〜するつもり：avoir l'intention de 〜）

3) 彼は私たちにカナダから手紙をよこした．

4) 彼は読むことも書くこともできない．（〜も〜もない：ne 〜 ni 〜 ni 〜）

5) この単語はどう綴るのですか？

(答えは p. 223)

さ・え・ら ÇÀ ET LÀ

C'est écrit.

　フランシス・カブレルのシャンソンに C'est écrit. というタイトルの曲があります．直訳すれば「それは書かれている」ですが，これは聖書の予言の言葉で「それは定めだ」という意味です．ちなみに「聖書」は la Bible ですが，l'Écriture とも言います．

monter
モンテ

49位

登る（英 go up）

直説法現在の活用

je	monte	（ジュ モント）	nous	montons	（ヌ モントン）
tu	montes	（テュ モント）	vous	montez	（ヴ モンテ）
il	monte	（イル モント）	ils	montent	（イル モント）

複合過去：je suis monté(e) （ジュ スュイ モンテ）　半過去：je montais （ジュ モンテ）
単純未来：je monterai （ジュ モントゥレ）　接続法現在：je monte （ジュ モント）

　monter は「〜に登る，〜に上がる」という自動詞の意味になる場合と，目的語を取って「〜を登る，〜を上げる」という他動詞の意味になる場合があります．助動詞は多く être を取りますが，他動詞や一部の自動詞の用法では avoir を取ります．

・基本表現・

● monter + 前置詞（sur, à など）〜　〜に登る，上がる

- Nous sommes monté(e)s sur une colline.　私たちは丘に登った．
  ヌ　ソム　モンテ　スュー　リュヌ　コリーヌ

- Je suis monté(e) au premier étage.　私は2階に上がった．
  ジュ スュイ　モンテ　オ　プルミエ　レタージュ
  注：「〜に登る，上がる」が基本的な意味です．前置詞は状況によって sur や à になります．複合過去形の助動詞は être．

- Le soleil monte sur l'horizon.　太陽が地平線に登る．
  ル　ソレイユ　モント　スュール　ロリゾン
  注：このように物も主語になって「〜が登る」の意味になります．

monter **165**

monter＋前置詞（en, à, dans など）〜　　〜に乗る

- Elle est montée en avion.　　　彼女は飛行機に乗った．
  エ　レ　モンテ　アン　ナヴィヨン

  注：「(乗り物)に乗る」という意味でも monter を使いますが，「〜に」を表す前置詞は乗り物によって異なります．en voiture (avion, bateau)「車（飛行機，船）に」，à vélo (cheval, moto)「自転車（馬，バイク）に」，dans un taxi (le train)「タクシー（電車）に」．なお「〜に乗る」という言い方には「〜の交通機関を利用する」という意味で，prendre を使う言い方もあります．prendre le train「電車に乗る」．

monter ＋名詞（階段・坂・物）　　〜を登る，〜を上げる

- Il a monté les escaliers.　　　彼は階段を登った．
  イ　ラ　モンテ　レ　ゼスカリエ

  注：目的語を取る他動詞の用法です．複合過去形で助動詞は avoir を取ることに注意してください．

- Voulez-vous monter ma valise dans ma chambre？
  ヴレ　ヴ　モンテ　マ　ヴァリーズ　ダン　マ　シャーンブル
  スーツケースを部屋に上げてくれますか？

  注：「〜を上げる」という他動詞の用法です．

こんな表現も覚えよう

(物価や温度が) monter　　　　上がる

- Les prix ont beaucoup monté cette année.　　今年は物価がひどく上がった．
  レ　プリ　オン　ボク　モンテ　セ　タネ

- La température a monté de deux degrés.　　温度が2度上昇した．
  ラ　タンペラテューラ　ア　モンテ　ドゥ　ドゥ　ドゥグレ

  注：自動詞ですが，この用法では助動詞は avoir を用います．

練習問題㊾ Exercices

monter を用いてフランス語にしましょう．

1) 彼は寝室に上がった．

2) 私たちは富士山の山頂に登った．（～の山頂に：au sommet de ～）

3) その子供はまだ自転車に乗れません．

4) 朝食を部屋まで持ってきていただけますか？

5) 物価は上昇するばかりだ．（～するのをやめない：ne pas cesser de ～）

（答えは p. 223）

さ・え・ら ÇÀ ET LÀ

• monter à vélo

「～に乗る」という場合，またがって乗るもの，例えば馬や自転車，バイクには à を用い，中に乗り込むもの，例えば自動車や飛行機には en を用います．en, à の後では無冠詞ですが，冠詞や所有形容詞が付くと en は dans, à は sur になります．dans le train, sur son vélo.

tomber
トンベ

50 位

51

倒れる，落ちる（英 fall）

直説法現在の活用

je tomb**e** （ジュ トンブ）	nous tomb**ons** （ヌ トンボン）
tu tomb**es** （テュ トンブ）	vous tomb**ez** （ヴ トンベ）
il tomb**e** （イル トンブ）	ils tomb**ent** （イル トンブ）

複合過去：je suis tomb**é(e)** （ジェ スュイ トンベ）　　半過去： je tomb**ais** （ジュ トンベ）
単純未来：je tomber**ai** （ジュ トンブレ）　　接続法現在：je tomb**e** （ジュ トンブ）

「倒れる」「落ちる」という意味の動詞ですが，「（ある状態に）なる」「（行事などが）〜に当たる」という意味にもなります．複合過去形はほとんどの場合 être とともに用いられるので，過去分詞の性数一致に注意しましょう．

─ 基本表現 ─

tomber　　倒れる，転ぶ，崩壊する

- La chaise est tombée.　　椅子が倒れた．
  ラ　シェー　ゼ　トンベ

- Attention, tu vas tomber !　　気を付けて，転ぶよ！
  アタンスィヨン　テュ　ヴァ　トンベ

  注：「〜が倒れる」「〜が転ぶ」などの意味を表します．比喩的に「（政府や国家などが）崩壊する」などの意味にもなります．L'empire est tombé.「帝国は崩壊した」．

（物事が主語で）tomber　　　　落ちる，降る，（日が）暮れる

- Les feuilles tombent en automne.　秋には木の葉が落ちる．
- La neige tombe.　雪が降る．

注：「〜が落ちる」から，比喩的な意味に転化して Le jour tombe.「日が暮れる」，La nuit tombe.「夜のとばりが下りる」などもよく使われます．

tomber +形容詞　　　　〜になる

- Je suis tombé(e) malade.　病気になってしまいました．

注：tomber amoureux(se)「恋に落ちる」などもよく用いられる表現です．

tomber +前置詞（en, dans）〜　　　　〜に陥る，なる

- Ma voiture est tombée en panne.　車が故障してしまった．

注：tomber dans l'oubli「忘れ去られる」，tomber dans les mains de l'ennemi「敵の手に陥る」などの表現もあります．

こんな表現も覚えよう

（行事などが）tomber +日付（曜日）　　　　〜に当たる

- Cette année, Noël tombe un dimanche.　今年，クリスマスは日曜日に当たる．

注：Ça tombe le même jour que la réunion. なら，「それは会議と同じ日に当たる」となります．

laisser tomber +名詞（物・人）　〜を（うっかり）落とす，〜を見捨てる（やめる）

- Vous avez laissé tomber votre carnet.　手帳を落としましたよ．
- Elle a laissé tomber son petit ami.　彼女は恋人を振った．

注：laisser 〜 は，放任の動詞と言われるもので「〜するままにさせておく」．laisser tomber で「落とす」「やめる」などの意味になります．tomber だけでは「落とす」

tomber **169**

という意味にはならないことに注意しましょう．また会話では人に用いて「（恋人などを）見捨てる，振る」といった意味でも用いられます．

tomber bien / mal　　ちょうど都合がいい／悪い

- **Tu tombes bien!**　　いいところに来たね．
  テュ　トンブ　ビヤン

注：Ça tombe bien!「ちょうどよかった」もよく使われます．

練習問題 ㊿ Exercices

tomber を用いてフランス語にしましょう．

1) 彼女は走っていて転んだ．（走っていて：en courant）

2) ベルリンの壁は 1989 年に崩壊した．（ベルリンの壁：le mur de Berlin）

3) 彼らは恋に落ちた．

4) 今年，復活祭は 4 月 1 日に当たる．（復活祭：Pâques）

5) 彼はテニスをやめてしまった．

（答えは p. 223）

さ・え・ら ÇÀ・ET LÀ

試験に落ちる

　フランスの試験は20点満点，もしくは mention très bien, bien, passable「優，良，可」などで評価されます．「試験に落ちる」は tomber ではなく échouer を用い，Il a échoué à son examen.「彼は試験に落ちた」のように言いますので注意してください．

まとめ ⑤
— 41位〜50位 —

(答えは p. 224)

❶ (　) 内に入れるのに最も適切なものを 1〜3 の中から選びなさい．

1) Je cherche (　) savoir comment il a réussi.
 1　à   2　de   3　en

2) Elle n'est pas encore revenue (　) l'université.
 1　dans 2　de   3　sur

3) On t'appelle (　) téléphone.
 1　à   2　au   3　du

4) Je meurs (　) soif.
 1　de   2　en   3　par

5) Anne-Marie est partie (　) Milan.
 1　en   2　par   3　pour

6) J'ai écrit (　) ma mère de m'envoyer de l'argent.
 1　à   2　en   3　sur

7) Il est monté (　) bateau.
 1　à   2　de   3　en

8) L'ascenseur est tombé (　) panne.
 1　en   2　par   3　sur

❷ 日本語文に対応するフランス語文を完成させるのに，もっとも適切なものを 1〜3 の中から選びなさい．

1) 彼女を見つけようとあらゆる場所を探しました．
 Je l'(　) partout.
  1　ai cherché 2　ai cherchée 3　avais cherché

2) 天候が回復した．
 Le beau temps (　).
  1　a revenu 2　avait revenu 3　est revenu

172　まとめ ⑤

3) アメリーは7月に旅行に出かける予定です．
　　Amélie (　　) en voyage en juillet.
　　　1 partira　　　2 partirait　　　3 parte
4) 彼女はその小道を進んだ．
　　Elle (　　) ce sentier.
　　　1 a suivi　　　2 est suivi　　　3 est suivie
5) 彼は恋に落ちた．
　　Il (　　) amoureux.
　　　1 a tombé　　　2 est tombé　　　3 soit tombé

❸ 次の対話を完成させるのにもっとも適切なものを1〜3の中から選びなさい．

1) A: Peux-tu m'appeler ce soir ?
　 B: _____ .
　　　1 Je m'appelle Lucas.
　　　2 On dit « konban ».
　　　3 OK !
2) A: Ce livre est à jeter.
　 B: _____ .
　　　1 Oui, c'est très intéressant.
　　　2 Combien ?
　　　3 Pourquoi ?

arrêter
アレテ

52 位

止める（英 stop）

　ここからは，使用頻度順位で 51 位から 101 位にある動詞の中から，用法上特に留意すべき点が多い動詞を 9 つ見ることにします．いずれも日常的によく使われる動詞です．

直説法現在の活用

j'	arrête	（ジャレット）	nous	arrêtons	（ヌ ザレトン）
tu	arrêtes	（テュ アレット）	vous	arrêtez	（ヴ ザレテ）
il	arrête	（イラレット）	ils	arrêtent	（イル ザレット）

複合過去：j'ai arrêté （ジェ アレテ）　　半過去：　　j'arrêtais （ジャレテ）
単純未来：j'arrêterai （ジャレトゥレ）　　接続法現在：j'arrête （ジャレット）

　「～を止める」「～をやめる」という他動詞としての用法の他に，「止まる」という自動詞の用法もあります．英語の stop にほぼ相当する動詞と考えていいでしょう．ただ英語の stop にはない「逮捕する」という意味があります．

基本表現

arrêter ＋名詞（人・乗り物・機械など）　～を止める

- Arrêtez la radio, c'est bruyant.　　ラジオを止めて，やかましいから．
  アレテ　ラ　ラディオ　セ　ブリュイヤン
  注：機械を停止させる，乗り物を止める，人を呼び止めるなど，「止める」という意味で様々に使われます．

- Une dame m'a arrêté(e) dans la rue.　私は通りである女性に呼び止められた．
  ユヌ　ダム　マ　アレテ　ダン　ラ　リュ

- **Ma montre est arrêtée.** 私の時計は止まっている．

  注：être arrêté(e) と受動態にすれば「止まっている」という状態を表します．

arrêter de ＋不定詞　　　～するのをやめる

- **Arrêtez de fumer.** タバコを吸うのをやめなさい．

  注：「（自分の意志で）～するのをやめる」という言い方です．次の例文のように，物が主語で用いられることもあります．

- **La neige n'arrête pas de tomber.** 雪が降りやまない．

  注：arrêter de ＋不定詞は，多く命令文や否定文で用いられます．

こんな表現も覚えよう

arrêter ＋名詞（人）　　　～を逮捕する

- **La police a arrêté le suspect.** 警察は容疑者を逮捕した．

  注：arrêter には「逮捕する」という意味があります．英語の stop にはこの意味はありませんね．

s'arrêter　　　止まる，立ち寄る

- **Ma montre s'est arrêtée.** 私の時計は止まってしまった．
- **Ce train s'arrête à Versailles.** その列車はヴェルサイユに停車する．

  注：代名動詞 s'arrêter は「止まる」「立ち寄る」「停車する」などの意味でよく使われます．

s'arrêter de ＋不定詞　　　～するのをやめる

- **Je me suis arrêté(e) de fumer.** 私はタバコを吸うのをやめました．

  注：代名動詞としての用法で，「～するのをやめる」という意味です．複合過去形での過去分詞の性数一致に注意しましょう．

arrêter

練習問題 (51) Exercices

arrêter を用いてフランス語にしましょう.

1) その車を止めてください.

2) 私は道を聞くために通りがかりの人を呼び止めた.

3) 彼はおしゃべりをやめない.

4) その泥棒は翌日逮捕された.（翌日：le lendemain）

5) その列車はナンシー（Nancy）には止まらない.

（答えは p. 224）

さ・え・ら ÇÀ ET LÀ

• Arrête !

フランス映画の中の口論のシーンで，Arrête, ça suffit ! などというセリフを聞いたことがありませんか？「もういい加減にやめろ！」という意味ですね. arrêter は自動詞としても用いられ，Arrête ! は「やめろ！」になります.

paraître
パレートル
55位

53

〜のように見える（英 appear）

直説法現在の活用

je parais （ジュ パレ）	nous paraissons （ヌ パレソン）
tu parais （テュ パレ）	vous paraissez （ヴ パレセ）
il paraît （イル パレ）	ils paraissent （イル パレス）

複合過去：j'ai paru　（ジェ パリュ）　　半過去：　je paraissais　（ジュ パレセ）
単純未来：je paraîtrai　（ジュ パレトレ）　接続法現在：je paraisse　（ジュ パレス）

paraître は「〜のように見える，思われる」が基本的な意味です．sembler や avoir l'air de 〜 と同じような意味を持ちます．また「(本などが)出る」という意味でも用いられます．非人称動詞で「〜だそうだ」という伝聞の意味になることも覚えてください．

基本表現

paraître ＋属詞（名詞・形容詞）　　〜のように見える，思われる

- Il paraît plus jeune que son âge.　　彼は年齢より若く見える．
  イル　パレ　プリュ　ジューヌ　ク　ソン　ナージュ

- Cela me paraît une erreur.　　私にはそれが間違いだと思われる．
  スラ　ム　パレ　ユ　ネルール

  注：paraître の後に形容詞や名詞が来て「〜のように見える，思われる」の意味になります．下の例のように，「(人)にとって」と言いたければ人称代名詞の間接目的語（ここでは me）を持ってきます．

paraître

(本などが) paraître　　　　　出る，現れる

- Son roman a paru l'année dernière.　彼（彼女）の小説は昨年出版された．
  ソン　ロマン　ア　パリュ　ラネ　デルニエール

  注：本や雑誌が「出版される，発売される」という意味でも用いられます．

il paraît que +直説法　　　　　～だそうだ

- Il paraît qu'il est malade.　　　　彼は病気だそうだ．
  イル　バレ　キ　レ　マラド

  注：paraître は非人称動詞にもなり，il paraît que ～ で「～だそうだ」という伝聞の意味になります．que の後は直説法．

こんな表現も覚えよう

il paraît +形容詞+ de +不定詞　　　～することが～だと思われる

- Il me paraît difficile de répondre à cette question.
  イル　ム　バレ　ディフィスィル　ドゥ　レポンド　ラ　セット　ケスティヨン

  その質問に答えるのは私には難しく思われる．

  注：非人称構文で，de 以下が意味上の主語になっています．

paraître

練習問題 52 Exercices

paraître を用いてフランス語にしましょう．

1) 彼は疲れているようだ．

2) 彼女は 20 歳くらいに見える．

3) この本はいつ出ますか？

4) 彼は昨年結婚したそうだ．

5) その提案を断るのは私には不可能に思われる．

（答えは p. 224）

さ・え・ら ÇÀ ET LÀ

À paraître.

paraître には「（本が）刊行される」という意味があります．書店に行くと À paraître. Vient de paraître. などという表示をよく見かけます．前者は「近刊」，後者は「新刊」の意味です．

permettre　58位

ペルメットル

許す，可能にする（英 permit, allow）

直説法現在の活用

je	permet**s**	（ジュ ペルメ）	nous	permett**ons**	（ヌ ペルメトン）
tu	permet**s**	（テュ ペルメ）	vous	permett**ez**	（ヴ ペルメテ）
il	permet	（イル ペルメ）	ils	permett**ent**	（イル ペルメット）

複合過去：j'ai permis　（ジェ ペルミ）　　半過去：je permettais　（ジュ ペルメテ）
単純未来：je permettrai　（ジュ ペルメトレ）　　接続法現在：je permette　（ジュ ペルメット）

　permettre は，人が何かを「許す，許可する」という意味の動詞です．また物事が主語になると「可能にする」という意味もあります．非人称構文や代名動詞としての用法もよく使われます．

─ 基本表現 ─

permettre ＋名詞（物・行為など）＋à＋名詞（人）　～に～を許可する

- Le médecin lui a permis un peu de vin.　医者は彼(彼女)に少量の酒を許可した．
  ル　メドゥサン　リュイア　ペルミ　アン　プ　ドゥ ヴァン

- Nous irons à la mer, si le temps nous le permet.
  ヌ　ズィロン　ア ラ　メール　スィル　タン　ヌ　ル　ペルメ
  もし天候が許すなら，私たちは海へ行く予定です．

  注：2番目の例文のように，主語が物事になることもあります．permet の前の le は中性代名詞で，Nous irons à la mer.「私たちが海に行くこと」を表しています．

180　permettre

(物事が主語で) permettre à +名詞（人）+de +不定詞　〜に〜することを可能にする

- Mon travail ne me permet pas d'aller au cinéma ce soir.
  仕事のせいで，今晩映画には行けない．

  注：物事が主語で「〜に〜することを可能にする」の意味になります．例文を直訳すれば「私の仕事は今晩映画に行くことを私に可能にしない」となります．

permettre que +接続法　　　　〜することを許す

- Ma mère ne permet pas que je sorte avec toi.
  母は私が君と出かけることを許してくれない．

  注：que 以下は接続法を用います．

こんな表現も覚えよう

il est permis de +不定詞　　　〜することが許されている

- Il n'est pas permis de se garer ici.　ここは駐車禁止です．

- Il vous est permis de ne pas me croire.　私のことを信じなくてもいいんですよ．

  注：非人称構文です．2番目の例文のように人称代名詞の間接目的語を用いて「(人)には〜することが許されている」という意味にすることもできます．

se permettre de +不定詞　　　あえて〜する

- Je me suis permis de vous écrire.　失礼ながらお便りさせていただきました．

  注：代名動詞で「あえて〜する」．主語が1人称だと「失礼を顧みず〜する」という意味の丁寧な表現になります．

permettre　181

練習問題 ㊿ Exercices

permettre を用いてフランス語にしましょう.

1) デュラン（Durand）氏を紹介させてください．

2) 健康のせいで彼女はヴァカンスに出発できない．（「健康」を主語に）

3) 彼女は私たちが頻繁に会うことを許さない．

4) あなたは断ることができます．（非人称構文で）

5) 失礼ですが，反論させていただきます．（〜に反論する：contredire à 〜）

(答えは p. 224)

さ・え・ら ÇA ET LÀ

• Permettez? / Vous permettez?

「よろしいですか？」の意味で，電車内での相席や喫煙の許可を求める際などによく用います．答える立場なら，Bien sûr!「もちろん」, Allez-y!「どうぞ」と応じましょう．こうした受け答えがスムーズにできるようになれば，フランス語学習はますます楽しくなるはずです！

servir
セルヴィール

64位

仕える，役立つ（英 serve, be used for）

直説法現在の活用

je	ser**s**	（ジュ セール）	nous	serv**ons**	（ヌ セルヴォン）
tu	ser**s**	（テュ セール）	vous	serv**ez**	（ヴ セルヴェ）
il	ser**t**	（イル セール）	ils	serv**ent**	（イル セルヴ）

複合過去：j'ai servi　（ジェ セルヴィ）　　半過去：　je servais　（ジュ セルヴェ）
単純未来：je servirai　（ジュ セルヴィレ）　接続法現在：je serve　（ジュ セルヴ）

　servir は「（人や国家などに）仕える」が基本的な意味ですが，日常的にはレストランや店などで「食事を出す，サービスする」の意味でよく用いられます．また前置詞の à や de をともなった「役立つ」，代名動詞の se servir de ～「～を使う」という意味の表現なども覚えるといいでしょう．

━ 基本表現 ━

● servir ＋名詞（料理・飲み物）　　～を出す

- Pouvez-vous me servir du vin ?　ワインをついでくれませんか？
  プヴェ　　ヴ　ム　セルヴィール　デュ ヴァン

  注：「（料理や飲み物などを）出す，つぐ」という意味です．直接目的語が「人」なら「～に給仕する」の意味になります．servir un client「客に給仕する」．

● servir ＋名詞（人・芸術・国家など）　　～に仕える，奉仕する

- L'artiste sert l'art.　　　　芸術家は芸術に仕える．
  ラルティスト　セール　ラール

  注：servir Dieu「神に仕える」，servir sa patrie「祖国に奉仕する」などと言えます．

servir

servir à + 名詞（人・物）　　　　〜に役立つ，使用される

- Ce dictionnaire me sert beaucoup.　この辞書は大いに私の役に立っている．
- À quoi ça sert, cette machine ?　この機械，何に使うの？

注：「〜に役立つ」という表現です．Ça ne sert à rien.「それは何の役にも立たない」はよく使われる表現ですから覚えてください．à 〜 をともなわない表現も可能です．Ça peut encore servir.「それはまだ使えます」．

servir de + 無冠詞名詞（役割）+ à + 名詞（人）　〜に〜として役立つ

- Il nous a bien servi de guide à Rome.　彼はローマで案内役としてとても役立った．

注：de の後の名詞は無冠詞になることに注意してください．servir de modèle à + 名詞（人）なら「〜の模範となる」となります．

se servir de + 名詞（物）　　　　〜を使う

- Puis-je me servir de vorte voiture ce soir ?　今晩あなたの車を使っていいですか？

注：代名動詞で「〜を使う」という意味で，日常的によく用いられる表現です．Je peux m'en servir ?「それ使っていい？」もよく使われます．

こんな表現も覚えよう

servir　　　　　　　　　　　（テニスなどで）サーブする

- À moi de servir.　私のサーブの番です．

注：テニスの「サーブする」に servir が使われます．例文は C'est 〜 が省略された「〜するのは（人）の番だ」という強調表現です．

se servir de + 名詞（飲食物）　　〜を自分で取る

- Servez-vous.　どうぞご自由にお取り下さい．

注：この例文では de 以下が省略されていますが，例えば de viande と続ければ，「どうぞお肉をお取り下さい」となります．de の後は無冠詞名詞です．

練習問題 54　Exercices

servir を用いてフランス語にしましょう．

1) 彼は私に素晴らしいワインをふるまってくれた．（素晴らしい：excellent）

2) この本は大いに私の役に立った．

3) このテーブルは仕事机にもなっている．（仕事机：un bureau）

4) 私はこの辞書は使いません．

5) コーヒーを自由に飲んでね．

(答えは p. 225)

さ・え・ら　ÇÀ ET LÀ

• Vous êtes servi(e) ?

　パン屋や売店などでの混雑時，店員から Vous êtes servi(e) ? と聞かれることがあります．servir には「(商人が客に) 応対する」という意味があり，受け身で「あなたはきちんと応対されていますか？→ご注文を承っていますか？」と聞かれているわけです．Oui, je suis servi(e). のように答えればいいでしょう．

servir

finir
フィニール

65位

終える，終わる（英 finish, end）

現在形の活用

je	fini**s**	（ジュ フィニ）	nous	finiss**ons**	（ヌ フィニソン）
tu	fini**s**	（テュ フィニ）	vous	finiss**ez**	（ヴ フィニセ）
il	fini**t**	（イル フィニ）	ils	finiss**ent**	（イル フィニス）

複合過去：j'ai fini （ジェ フィニ）　　半過去：　　　je finissais （ジュ フィニセ）
単純未来：je finirai （ジュ フィニレ）　接続法現在：je finisse （ジュ フィニス）

語尾が -ir で終わる finir は第2群規則動詞の仲間で，現在形は規則的な活用変化をします．finir はその後に直接目的語を取って「〜を終える」の意味になる他動詞の用法と，目的語を取らない「〜が終わる」の意味の自動詞の用法があります．finir の後に de や par をともなう動詞表現もよく使われますから覚えましょう．

基本表現

finir ＋名詞（物事）　　　〜を終える，やめる

- J'ai fini mes devoirs.　　　私は宿題を終えた．
  ジェ　フィニ　メ　ドゥヴォワール

  注：finir の後に名詞を持ってきて「〜を終える」という他動詞の意味になります．
  　　finir son repas「食事を終える」，finir sa vie「生涯を終える」など．

- Finissez ces plaisanteries!　　そんな冗談はやめなさい！
  フィニセ　　セ　　プレザントゥリ

  注：「〜をやめる」の意味にもなります．

finir de +不定詞　　　　　　　〜し終える，〜するのをやめる

- J'ai fini de travailler.　　　　　私は仕事を終えた．
  ジェ　フィニ　ドゥ　トラヴァイエ

- Elle ne finit pas de bavarder.　　彼女はおしゃべりをやめない．
  エル　ヌ　フィニ　パ　ドゥ　バヴァルデ

  注：finir de +不定詞で「〜し終える」「〜するのをやめる」の意味になります．

（物事が主語で）finir　　　　　　〜が終わる

- Le spectacle finira vers minuit.　ショーは午前零時頃終わるだろう．
  ル　スペクタークル　フィニラ　ヴェール　ミニュイ

  注：finir は目的語を取らない自動詞としての用法もあり，物事を主語として「〜が終わる」の意味になります．

→こんな表現も覚えよう←

finir par +不定詞　　　　　　　最後は〜する，ついに〜する

- Il a finit par accepter.　　　　彼は最後には受け入れてくれた．
  イ ラ　フィニ　パー　ラクセプテ

  注：finir par 〜 で「最後は〜する，ついに〜する」．

n'en pas finir de +不定詞　　　いつまでも〜する

- Il n'en finit pas de se plaindre.　彼はいつまでも不平を言っている．
  イル　ナン　フィニ　パ　ドゥ　ス　プラーンドル

  注：n'en pas finir de 〜 という成句的表現で「〜し続ける」「〜をやめない」という意味になります．

finir

練習問題 ㊺　Exercices

finir を用いてフランス語にしましょう．

1) その画家は困窮のうちに生涯を終えた．（困窮のうちに：dans la misère）

2) 喧嘩するのはやめなさい．（喧嘩する：se disputer）

3) コンサートは 9 時に終わるでしょう．

4) しまいには怒りますよ．（怒る：se fâcher）

5) 彼女はいつまでも泣き続けている．

（答えは p. 225）

さ・え・ら　ÇÀ ET LÀ

● proverbes（ことわざ）

　Tout est bien qui finit bien. は「終わりよければすべてよし」というフランスのことわざです．finir が含まれる他のことわざをあげましょう．
　Il est plus facile de commencer que de finir.
　「終えることより始めることの方がたやすい」
　La magie du premier amour, c'est d'ignorer qu'il puisse finir un jour.
　「初恋の魔術は，それがいつか終わるものだとは誰も思わないことである」
　確かにそうかも！

présenter

プレザンテ

81位

57

紹介する，提示する（英 introduce, present）

直説法現在の活用

je	présent**e**	（ジュ プレザント）	nous	présent**ons**	（ヌ プレザントン）
tu	présent**es**	（テュ プレザント）	vous	présent**ez**	（ヴ プレザンテ）
il	présent**e**	（イル プレザント）	ils	présent**ent**	（イル プレザント）

複合過去：j'ai présenté　（ジェ プレザンテ）　　半過去：　je présentais （ジュ プレザンテ）
単純未来：je présenterai （ジュ プレザントゥレ）　接続法現在：je présente （ジュ プレザント）

　フランス語の présenter と英語の present は形の上では似ていますが，présenter は present が持つ「プレゼントする」という意味では用いられず，逆に present は présenter が持つ「紹介する」という意味ではあまり用いられません（普通は introduce を用います）．間違えやすいので注意しましょう．

基本表現

● **présenter + A（人）+ à + B（人）**　　　AをBに紹介する

- Paul a présenté sa fiancée à ses parents.　ポールは両親に婚約者を紹介した．
  ポール ラ プレザンテ サ フィヤンセ ア セ パラン

- Permettez-moi de vous présenter Madame Dupont.
  ペルメテ モワ ドゥ ヴ プレザンテ マダム デュポン
  あなたにデュポン夫人を紹介させて下さい．

　注：2番目の例文は，会議やパーティーなどでよく耳にする表現です．

présenter　**189**

présenter ＋名詞（物・書類など）　　　〜を見せる，提出する

- J'ai présenté mon billet au contrôleur.　切符を検札係に見せた．
  ジェ　プレザンテ　モン　ビエ　オ　コントロルール
  注：présenter は「（物を人の前に）差し出す」ということで，présenter son passeport「パスポートを見せる」，présenter une thèse「学位論文を提出する」場合などに用います．

se présenter　　　　　　　　　　　　自己紹介する

- Permettez-moi de me présenter.　自己紹介させていただきます．
  ペルメテ　モワ　ドゥ　ム　プレザンテ
  注：代名動詞で，例文は自己紹介するときの決まり文句です．

─こんな表現も覚えよう─

présenter ＋名詞（作品など）　　　　〜を発表する

- Je vais vous présenter le système scolaire au Japon.
  ジュ　ヴェ　ヴ　プレザンテ　ル　システム　スコレー　ロ　ジャポン
  私は日本の学校制度について発表します．
  注：例文では，「プレゼンをする」という意味で用いられています．

présenter ＋名詞（お祝い・お詫びなど）　〜を述べる

- Je vous présente toutes mes excuses.　重々お詫び申し上げます．
  ジュ　ヴ　プレザント　トゥット　メ　ゼキュスキューズ
  注：「お祝いを述べる」なら présenter ses félicitations です．

se présenter　　　　　　　　　　　　起こる，現れる

- Un obstacle s'est présenté.　ある障害が起こった．
  アン　ノブスタークル　セ　プレザンテ
  注：代名動詞で「（物事が）起こる」，あるいは「（人が）現れる」の意味になります．
  Il s'est présenté devant la justice.「彼は法廷に出頭した」

se présenter à ＋名詞（選挙・試験など） 〜に立候補する，〜を受験する

- Elle s'est présentée aux élections municipales.　彼女は市議会選へ出馬した．
  エル　セ　プレザンテ　オ　ゼレクスィヨン　ミュニスィパル
  注：se présenter au baccalauréat なら「バカロレアを受ける」となります．

練習問題 56　Exercices

présenter を用いてフランス語にしましょう．

1) 夫を紹介させてください．（夫：le mari）

2) パスポートを見せていただけませんか？

3) シャネル（Chanel）が新作を発表する．（新作：la nouvelle collection）

4) 謹んでお悔やみ申し上げます．（お悔やみ：les condoléances）

5) 彼は市長に立候補した．（市長に：comme maire）

（答えは p. 225）

さ・え・ら　ÇÀ ET LÀ

紹介のマナー

　人を紹介するときは順序があって，下の者を目上の人に，男性を女性に先に紹介します．ただし男性が年配であれば女性を先にします．地位や身分の上の者が先に情報を知る権利があるという考えがあるからです．自分が紹介されたらBonjour, monsieur (madame, mademoiselle). と言って，その後 Enchanté(e) de faire votre connaissance.「お会いできて光栄です」と付け加えれば申し分ありません．

apprendre　86位

アプラーンドル

58

学ぶ，教える（英 learn, teach）

直説法現在の活用

j'	apprend**s**	（ジャプラン）	nous	appren**ons**	（ヌ ザプルノン）
tu	apprend**s**	（テュ アプラン）	vous	appren**ez**	（ヴ ザプルネ）
il	apprend	（イ ラプラン）	ils	appren**nent**	（イル ザプレンヌ）

複合過去：j'ai appris　　（ジェ アプリ）　　半過去：　　j'apprenais　（ジャプルネ）
単純未来：j'apprendrai　（ジャプランドレ）　接続法現在：j'apprenne　（ジャプレンヌ）

　　apprendre には「学ぶ」「教える」という逆の意味があって，どちらなのか混同しそうですが，「～を」という直接目的語を取れば「学ぶ」の意味になり，à ～「～に」という間接目的語を取れば「教える」という意味になるので間違えることはないはずです．

● 基本表現

apprendre ＋名詞（科目・技能）　　～を学ぶ

- Il apprend le français depuis deux ans.
  イ　ラプラン　ル　フランセ　ドゥピュイ　ドゥ　ザン
  彼は 2 年前からフランス語を学んでいます．

  注：apprendre の後に直接目的語が来ると「～を学ぶ，習う」という意味になります．
  　　apprendre の後に à ＋不定詞を持ってきて「～することを学ぶ」という言い方もできます．

- J'apprends à conduire.　　　　　　私は運転を習っています．
  ジャプラン　　ア　コンデュイール

apprendre ＋名詞（技能）＋ à ＋名詞（人）　～に～を教える

- Il apprend le japonais à son amie française.
  イ　ラプラン　ル　ジャポネ　ア　ソン　ナミ　フランセーズ

  彼はフランス人のガールフレンドに日本語を教えています．

  注：「（人）に」という間接目的語を取ると「教える」の意味になります．主語が物事で「（人に）～を教える」という用法もよく使われます．

- Ce travail m'a appris beaucoup de choses.
  ス　トラヴァイユ　マ　アプリ　ボク　ドゥ　ショーズ

  この仕事は私に多くのことを教えてくれた．

こんな表現も覚えよう

apprendre ＋名詞（物事）　　　～を知る，知らせる

- J'ai appris sa mort par la radio.　　私はラジオで彼の死を知った．
  ジェ　アプリ　サ　モール　パール　ラ　ラディオ

  注：apprendre は「学ぶ，習う」の意味の他に，「知る」という意味でも用いられます．同様に，間接目的語を取ると「（人）に知らせる」という意味にもなります．

- Je lui ai appris cette nouvelle.　私は彼（彼女）にそのニュースを知らせた．
  ジュ　リュイ　エ　アプリ　セット　ヌーヴェル

（物事が主語で）s'apprendre　　覚えられる，学ばれる

- Cette chanson s'apprend facilement.　この歌はすぐに覚えられる．
  セット　シャンソン　サプラン　ファスイルマン

  注：代名動詞 s'apprendre は受け身の意味で「覚えられる，習得される」の意味になります．

apprendre

練習問題 (57) Exercices

apprendre を用いてフランス語にしましょう.

1) 彼は一人でフランス語を勉強している.（一人で：tout seul）

2) 私は辛抱強くなることを学んだ.（辛抱強くなる：être patient）

3) 君にピアノの弾き方を教えてあげよう.（ピアノを弾く：jouer du piano）

4) 彼は生徒たちに英語を教えている.

5) 私はそのニュースをテレビで知ったところだ.

（答えは p. 225）

さ・え・ら ÇÀ ET LÀ

• apprendre と étudier

apprendre le français は「フランス語を（初歩から）学ぶ，習う」，étudier le français は「フランス語の知識を深めるために勉強する，研究する」というニュアンスの違いがあります.

compter
コンテ

97位

🔊 59

数える（英 count）

直説法現在の活用

je compte （ジュ コント）	nous comptons （ヌ コントン）
tu comptes （テュ コント）	vous comptez （ヴ コンテ）
il compte （イル コント）	ils comptent （イル コント）

複合過去：j'ai compté （ジェ コンテ）　半過去：je comptais （ジュ コンテ）
単純未来：je compterai （ジュ コントゥレ）　接続法現在：je compte （ジュ コント）

　compter はまず「数える」という意味で使われますが，そこから派生して使われる意味が意外に多い動詞です．文脈によって「勘定に入れる」とか「見積もる」などの意味になるのは何となく想像がつきますね．compter の後に不定詞を持ってきて「〜するつもりだ」も日常よく使われる表現です．

▶ 基本表現

🟠 compter ＋名詞（物・人）　　〜を数える，見積もる

- **J'ai compté tous mes livres.**　　持っている本を全部数えた．
  ジェ　コンテ　トゥ　メ　リーヴル

- **Pour aller à Rennes, il faut compter deux heures.**
  プー　ラレ　ア　レンヌ　イル フォ　コンテ　ドゥ　ズール
  レンヌに行くには2時間はみなければなりません．

  注：2つ目の例は単に「数える」というより「見積もる」「勘定に入れる」という意味です．

compter **195**

compter ＋不定詞　　　　　〜するつもりだ

- Je compte partir en France dans un mois.　1ヶ月後にフランスに発つつもりです．
- 注：penser ＋不定詞や，avoir l'intention de ＋不定詞と同じように，「〜するつもりだ」という，話し手の意志を表す表現でよく使われます．

こんな表現も覚えよう

compter　　　　　　　　　　重要である

- Ce qui compte, c'est le résultat.　重要なのは結果だ．
- 注：compter が自動詞として使われ，「重要である」という意味になります．

compter sur ＋名詞（人・物）　〜をあてにする

- Je compte sur toi.　君をあてにしているよ．
- 注：compter sur 〜 で「〜をあてにする」「〜を頼りにする」．

練習問題 ❺⃝ Exercices

compter を用いてフランス語にしましょう．

1) 彼は金を勘定するのが好きだ．

2) その仕事を終えるには1週間はみておかなければならない．

3) 私は来年フランスを訪れるつもりだ．

4) 重要なのは最善を尽くすことだ．

5) 僕をあてにしていいよ．

（答えは p. 225）

さ・え・ら ÇÀ ET LÀ

数え方のジェスチャー

　フランス人の数の数え方は日本人とは逆で，手を握り，親指から人差し指，中指という順番で指を開いて行きます．このときよく，もう一方の人差し指で伸ばした指の先をさわります．

travailler　101位

トラヴァイエ

働く（英 work）

直説法現在の活用

je	travaille	（ジュ トラヴァイユ）	nous	travaillons	（ヌ トラヴァイヨン）
tu	travailles	（テュ トラヴァイユ）	vous	travaillez	（ヴ トラヴァイエ）
il	travaille	（イル トラヴァイユ）	ils	travaillent	（イル トラヴァイユ）

複合過去：j'ai travaillé　（ジェ トラヴァイエ）　　半過去：　je travaillais （ジュ トラヴァイエ）
単純未来：je travaillerai （ジュ トラヴァイユレ）　接続法現在：je travaille （ジュ トラヴァイユ）

「働く」「仕事をする」「勉強する」という意味で使われる動詞です．自動詞としての用法がよく用いられますが，「〜を勉強する」，前置詞 à をともなって「〜に取り組む」という他動詞の用法もあります．

基本表現

travailler　　　　　　　　　　働く，勉強する

- Il travaille toute la journée.　　彼は一日中働いている．
  イル　トラヴァイユ　トゥット　ラ　ジュルネ
  注：travailler は基本的には「働く」という意味ですが，学校や生徒が話題になっているときは「勉強する」の意味にもなります．

- Cet élève travaille beaucoup.　　この生徒はよく勉強する．
  セ　テレーヴ　トラヴァイユ　　ボク

travailler + 前置詞（dans, chez, en など）〜　　〜に勤めている

- Je travaille dans une banque.　　私は銀行に勤めています．
  ジュ　トラヴァイユ　ダン　ズュヌ　バンク

注：「〜に勤めている」という場合，会社名なら chez を用いて Il travaille chez Renault.
「彼はルノーに勤めている」と言います．また travailler comme 〜「〜として働いている」という意味で，comme の後に無冠詞の職業名詞を持ってくる言い方もあります．

- Elle travaille comme secrétaire.　彼女は秘書の仕事をしています．
  エル　トラヴァイユ　コム　スクレテール

こんな表現も覚えよう

travailler ＋名詞（学科・技能など）　〜を勉強する

- Il travaille son bac.　　　　　　彼はバカロレアに備えて勉強している．
  イル トラヴァイユ　ソン　バック

  注：他動詞の用法で「（数学，ピアノなど）を勉強する，練習する」という用法があります．bac は baccalauréat の略語です．

travailler à ＋名詞（物事）　　〜に取り組む

- Il travaille à sa thèse.　　　　　彼は学位論文に取り組んでいる．
  イル トラヴァイユ　ヤ　サ　テーズ

  注：前置詞 à をともなう他動詞の用法で「〜に取り組む」の意味になります．

練習問題 59　Exercices

travailler を用いてフランス語にしましょう．

1) 彼女はパートタイムで働いている．（パートタイムで：à mi-temps）

2) 私の弟は会社に勤めている．（会社：un bureau）

3) 私は 3 年前から工場で働いている．（工場で：en usine）

4) 彼はコンピュータ技師の仕事をしている．
　（コンピュータ技師：un informaticien）

5) 数学をしっかり勉強しなさい．（数学：les mathématiques）

(答えは p. 226)

さ・え・ら　ÇÀ ET LÀ

働くということ

　travail の語源は，拷問の機械を指すラテン語の tripalium で，travailler はもとは「苦しめる，苦しむ」という意味でした．ですから今もフランス人にとっては，働くということにはどこか「苦役」というイメージがあるのでしょう．彼らが 5 週間もヴァカンスを取るというのもうなずけますね．

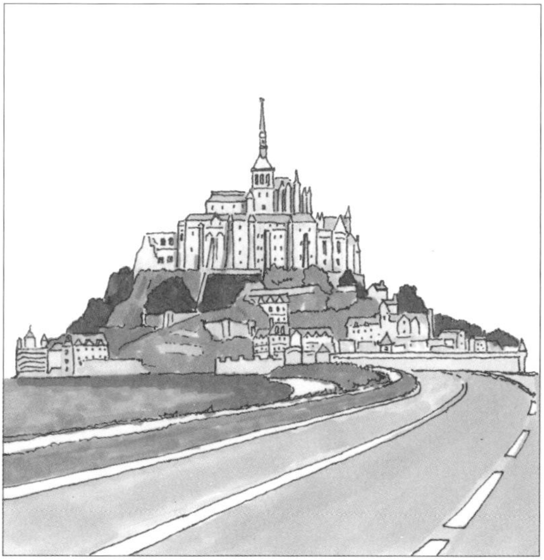

まとめ ⑥

(答えは p. 226)

❶ ( ) 内に入れるのに最も適切なものを 1～3 の中から選びなさい．

1) Ce bébé n'arrête pas ( ) pleurer.
   1 à   2 de   3 pour

2) Il me paraît facile ( ) répondre à cette question.
   1 de   2 par   3 pour

3) Il n'est pas permis ( ) fumer ici.
   1 à   2 de   3 sans

4) Ça ne sert ( ) rien.
   1 à   2 de   3 pour

5) Elle n'en finit pas ( ) pleurer.
   1 à   2 de   3 pour

6) J'ai présenté Alain ( ) mon cousin.
   1 à   2 en   3 sur

7) Tu peux compter ( ) eux.
   1 à   2 par   3 sur

8) Il travaille ( ) Nestlé.
   1 à   2 chez   3 en

❷ 日本語文に対応するフランス語文を完成させるのに，もっとも適切なものを 1～3 の中から選びなさい．

1) 私は銀行で働くのをやめました．
   Je ( ) de travailler dans une banque.
   1 suis arrêté   2 me suis arrêté   3 m'arrêtais

2) 彼らは結婚したそうだ．
   Il paraît qu'ils ( ).
   1 ont marié   2 se sont mariés   3 se soient mariés

202　まとめ ⑥

3) 彼はあえて質問した．

　　Il ( ) de poser une question.

　　　1 a permis　　2 est permis　　3 s'est permis

4) 自己紹介していただけますか．

　　Pouvez-vous vous ( ) ?

　　　1 présenter　　2 présentez　　3 présenteriez

5) 昨晩そのニュースを知りました．

　　J'( ) cette nouvelle hier soir.

　　　1 ai appris　　2 apprendrai　　3 apprenne

❸ 次の対話を完成させるのにもっとも適切なものを1～3の中から選びなさい．

1) A: Sers-toi de viande.

　　B: ＿＿＿＿＿＿＿＿＿＿＿＿＿＿＿＿．

　　　1 Ça peut encore servir.

　　　2 À quoi ça sert ?

　　　3 Merci.

2) A: Tu m'apprendras à jouer au tennis ?

　　B: ＿＿＿＿＿＿＿＿＿＿＿＿＿＿＿＿．

　　　1 Oui, volontiers.

　　　2 Oui, j'aime bien apprendre le tennis.

　　　3 Non, j'apprendrai tout seul.

ミニ文法

● 動詞に関わる事項の文法のまとめです ●

1. 基本文型

動詞の働きによって次の6つの基本文型があります.

1) 主語＋自動詞：動詞は目的語も属詞も取りません.
   Elle pleure.　　　　　　　　彼女は泣いています.

2) 主語＋自動詞＋属詞：動詞の後に主語の状態や性質を表す属詞（名詞，形容詞など）が来ます.
   Il est content.　　　　　　彼は満足しています.

3) 主語＋他動詞＋直接目的語：動詞の後に前置詞を介さないで目的語を持って来ます.
   J'étudie le français.　　　私はフランス語を勉強しています.

4) 主語＋他動詞＋間接目的語：動詞の後に前置詞を介して目的語を持って来ます.
   Elle ressemble à sa mère.　彼女は母親によく似ています.

5) 主語＋他動詞＋直接目的語＋間接目的語：動詞は直接・間接の2つの目的語を取ります.
   J'ai donné une cravate à Julien.　ネクタイをジュリアンにあげました.

6) 主語＋他動詞＋直接目的語＋属詞：動詞は目的語を取り，この目的語が性質・状態を表す属詞を取ります.
   Je trouve Paul très gentil.　私はポールはとても親切だと思います.

2. 直説法現在の活用

極めて不規則な活用をする動詞は次の5つです.
être（→ p. 2），avoir（→ p. 6），aller（→ p. 21），dire（→ p. 14）
faire（→ p. 10）

その他の動詞の単数形の活用語尾は不定詞の語尾によっていくつかのタイプに分かれます．

- -er ： parler → je parle, tu parles, il parle
- -ir ： finir → je finis, tu finis, il finit
- -re ： prendre → je prends, tu prends, il prend
- -oir ： vouloir → je veux, tu veux, il veut

複数形の語尾は être, dire, faire を除く全ての動詞に共通です．

   nous -ons vous -ez ils -ent
例：nous dormons vous dormez ils dorment

語幹が変化する場合もあり，以上の規則だけでは全ての動詞を正しく活用変化させることはできませんが，おおよその原則だと考えて覚えてください．

3. 動詞の時制と法

1) 直説法複合過去

複合過去は〈助動詞（avoir または être）＋過去分詞〉からなります．

parler（話す）

j'	ai parlé	nous avons	parlé
tu	as parlé	vous avez	parlé
il	a parlé	ils ont	parlé
elle	a parlé	elles ont	parlé

partir（出発する）

je	suis parti(e)	nous sommes	parti(e)s
tu	es parti(e)	vous êtes	parti(e)(s)
il	est parti	ils sont	partis
elle	est partie	elles sont	parties

・助動詞として être を取るのは，移動や状態変化を表す自動詞と代名動詞（→ p. 208）で，それ以外の自動詞や全ての他動詞は avoir を取ります．
　助動詞が être：aller, venir, entrer, sortir, rentrer, monter, mourir など．

- 助動詞が être の場合，過去分詞は主語の性数に一致します．
  Elles sont parties.　　　　　　彼女たちは出発した．
- 否定文は助動詞を ne ~ pas ではさみます．
  Il n'est pas parti.　　　　　　彼は出発しなかった．
- 複合過去は，現在から見てすでに完了した事柄を表します（「〜した」）．
  Hier, il est parti pour la France.　彼は昨日フランスに出発した．

63 2) 直説法半過去

marcher (歩く)

je marchais	nous marchions
tu marchais	vous marchiez
il marchait	ils marchaient

- 語尾は全ての動詞に共通．語幹は現在形の nous の語幹 (nous marchons)．
- 過去のある時点で継続中の行為や状態を表します．（「〜していた，〜だった」）
  Il y a dix ans, il était malade.　10年前，彼は病気だった．
- 過去の習慣を表します．
  Autrefois, j'allais souvent au concert.
  かつてはよくコンサートに行ったものだ．

64 3) 直説法単純未来

chanter (歌う)

je chanterai	nous chanterons
tu chanteras	vous chanterez
il chantera	ils chanteront

- 語尾は全ての動詞に共通．ほぼ avoir の活用．語幹は -er 動詞の場合は不定詞．
- 未来に起こると予想されることや話者の意志を表します．
  S'il fait beau demain, je sortirai.　明日晴れなら出かけるつもりです．
- 2人称で，相手に対する軽い命令を表します．

Tu m'écriras plus souvent.　　もっと手紙を書いてね.

4) 条件法現在

> **vouloir** (欲する)
>
> je voudrais　　nous voudrions
> tu voudrais　　vous voudriez
> il voudrait　　　ils　 voudraient

- 語幹は単純未来の語幹，語尾は半過去の語尾と同じです．

- 「(もし~なら) ~だろうに」のように，現在の事実に反する仮定をし，その結果起こりうる事柄を述べます．si の後で半過去，主節の「~だろうに」を条件法現在で表します．

  Si j'étais riche, j'achèterais une maison.　金持ちだったら家を買うのだが．

- 語調をやわらげ，丁寧な表現になります．

  Je voudrais un kilo de pommes de terre.
  じゃがいもを 1 キロ欲しいのですが．

5) 接続法現在

> **arriver** (到着する)
>
> j' arrive　　nous arrivions
> tu arrives　vous arriviez
> il arrive　　ils　 arrivent

> **être** (である)
>
> je sois　　nous soyons
> tu sois　　vous soyez
> il soit　　 ils　 soient

- 語尾は nous と vous が半過去の語尾，それ以外は直説法現在の語尾と同じ．être や avoir, aller のように特殊な変化をする動詞もあります．

- 接続法は主に従属節の中で用いられ，事柄を事実としてではなく頭の中で考えられたこととして提示します．例えば，主節が意欲，願望，命令，疑惑などを表すとき，その従属節で用います．

  J'aimerais que tu viennes me voir.　私に会いに来て欲しいんだが．

  Il faut que j'aille à la poste cet après-midi.
  私は午後郵便局に行かなければならない．

ミニ文法

6) 命令法

> **regarder**（見る）
> Regarde !　　見よ！
> Regadons !　見ましょう！
> Regardez !　　見なさい！

- 命令法は tu, nous, vous の動詞の活用形から主語を除いた形です．tu の命令法で -er 動詞の場合は語尾の -s が脱落します (tu regardes → Regarde !)．
- 否定形は禁止を表します．
  Ne regardez pas !　見てはいけません！
- 補語人称代名詞は動詞の後にハイフンをはさんで入れます．このとき，me, te は moi, toi に変わります．
  Téléphonez-moi !　私に電話してください．

4. 代名動詞

代名動詞は主語と同じものを指す補語人称代名詞（再帰代名詞と言います）をともなって活用する動詞です．

> **se coucher**（寝る）
> je me couche　　nous nous couchons
> tu te couches　　vous vous couchez
> il se couche　　 ils se couchent

- 否定形は〈再帰代名詞＋動詞〉を ne 〜 pas ではさみます (je ne me couche pas)．
- 代名動詞は基本的に，lever「起こす」を se lever「起きる」のように，他動詞を自動詞に変える働きを持ちます．
  Je me lève à cinq heures tous les matins.　私は毎朝 5 時に起きます．
- 相互的な意味や受け身の意味になる場合もあります．
  Ils s'aiment passionnément.　　　彼らは情熱的に愛し合っている．
  Ce livre se vend bien.　　　　　　この本はよく売れている．

- 複合過去は助動詞として être を取り，過去分詞は多くの場合，主語の性・数に一致します．
  Elle s'est couchée tard hier soir.　昨晩，彼女は遅く寝た．

5. 受動態

- 受動態は，能動態で直接目的語であるものが主語となり，動詞は〈être ＋ 過去分詞〉の形で表されます．過去分詞は主語の性数に一致します．
  François invite Sylvie à dîner.
  フランソワはシルヴィを夕食に招待している．　（能動態）
  Sylvie est invitée à dîner par François.
  シルヴィはフランソワに夕食に招待されている．（受動態）

- 「～によって」という動作主は普通 par ですが，状態を表す動詞の場合は de を用います．
  Il est aimé de tout le monde.　彼はみなに愛されています．

6. 現在分詞とジェロンディフ

現在分詞は動詞からつくられる形容詞で，動詞と形容詞の働きを合わせ持つものです．語尾は -ant で，語幹は直説法現在の nous の語幹を用います．
chanter → chantant　　aller → allant
ただし，avoir → ayant　　être → étant　　savoir → sachant
現在分詞は名詞を修飾したり，同時性や原因を表す副詞の働きをします．
  J'ai vu Paul sortant du métro.　地下鉄から出ようとするポールを見かけた．
  Étant malade, elle n'a pas pu venir.　病気だったので彼女は来られなかった．

ジェロンディフは〈en ＋現在分詞〉で副詞の働きをし，同時性や原因，譲歩などの意味を持ちます．
  Il travaille en écoutant la radio.　彼はラジオを聴きながら働く．

7. 過去分詞の性数の一致

1) 助動詞が être の場合，複合形の過去分詞は主語の性数に一致します．

   Elles sont allées au Japon.　　　彼女たちは日本に行きました．
   助動詞が avoir の場合は過去分詞は変化しません．
   Elle a vu Jacques cet après-midi.　彼女は午後ジャックに会った．

2) 代名動詞の複合形の場合は，再帰代名詞が間接目的語の働きをしている場合を除き，主語の性数に一致します．

   Elle s'est levée de bonne heure.　彼女は朝早く起きた．
   Elle s'est lavé les mains.　　　　彼女は手を洗った．(se は間接目的語)

3) 受動態では過去分詞は主語の性数に一致します．

   Elle est aimée de toute sa famille.　彼女は家族のみなに愛されている．

4) 直接目的語が助動詞 avoir の前に置かれると，過去分詞は直接目的語の性数に一致します．

   Voici la voiture qu'il a achetée la semaine dernière.
   ほらこれが彼が先週買った車だよ．

8. 話法の転換

話法には人が言ったことをそのまま伝える直接話法と，発言の内容を自分の言葉で置き換えて伝える間接話法があります．直接話法から間接話法に転換するには従属節を用います．

1) Il dit : « Je parle français. »（直接話法）
   → Il dit qu'il parle français.（間接話法）
   彼はフランス語を話すと言っている．

2) Il me dit : « Est-ce que vous parlez français ? »
   → Il me demande si je parle français.
   彼は私がフランス語を話すかどうか尋ねている．

3) Il me dit : « Quand partez-vous ? »
   → Il me demande quand je pars.
   彼は私がいつ発つか尋ねている．

4) Il me dit : « Parlez plus lentement. »
   → Il me dit de parler plus lentement.
   彼は私にもっとゆっくり話すように言っている．

ミニ文法

9. 時制の一致

直接話法から間接話法に転換するとき，主節が過去の場合は，時制の一致の規則に従って従属節の中の時制を変えなければなりません．

- Il a dit : « Je suis avocat. » （現在）
  → Il a dit qu'il était avocat. （半過去）
  彼は弁護士だと言った．

- Elle a dit : « Je l'ai vu hier. » （複合過去）
  → Elle a dit qu'elle l'avait vu la veille. （大過去）
  彼女は前日彼を見たと言った．

- Il a dit : « Je viendrai un jour au Japon. » （単純未来）
  → Il a dit qu'il viendrait un jour au Japon. （条件法現在）
  彼はいつか日本に来るだろうと言った．

練習問題解答

練習問題 ① ▶ p. 5

1) Il sera médecin dans cinq ans.
2) Ce livre est à qui ?
3) Vous avez été à Lyon ?
4) Il est difficile de résoudre ce problème.
5) C'est à vous de chanter.

練習問題 ② ▶ p. 9

1) J'ai un chat et un chien.
2) Je n'ai pas le temps de faire les courses.
3) Elle a les cheveux longs.
4) Je n'ai rien à faire.
5) Vous n'avez qu'à prendre un taxi pour aller à l'aéroport.

練習問題 ③ ▶ p. 13

1) Je ferai une promenade cet après-midi.
2) Il a fait très chaud hier.
3) Elle a fait attendre Paul longtemps.
4) Ça fait deux heures qu'il est parti.
5) Il s'est fait examiner par le médecin.

練習問題 ④ ▶ p. 17

1) Je te dirai la vérité.
2) Dites-moi quand vous viendrez au Japon.
3) Il m'a dit de venir tout de suite.
4) Ça ne veut rien dire.
5) Que dites-vous de son mariage ?

練習問題 ⑤ ▶ p. 20

1) Est-ce que tu as pu dormir un peu ?
2) Puis-je entrer ?
3) On ne peut pas marcher sur la pelouse.
4) Pourriez-vous me répondre dès que possible ?
5) Il se peut que Sophie soit malade.

練習問題 ⑥ ▶ p. 24

1) Nous allons aux États-Unis cet été.
2) Il va arriver à la gare dans un instant.
3) Ce chapeau vous va très bien.
4) Elle est allée chercher sa mère à l'aéroport.
5) Tu vas te laver les mains tout de suite !

練習問題 ⑦ ▶ p. 27

1) De ma chambre, on voit bien la tour Eiffel.
2) J'ai vu un match de foot à la télé hier soir.
3) On voit les enfants jouer dans le jardin.
4) Je ne la vois plus.
5) Je vois bien qu'il a raison.

練習問題 ⑧ ▶ p. 30

1) Je voudrais cette cravate.
2) Je voudrais vous voir ce soir.
3) Voulez-vous me passer le sel, s'il vous plaît ?
4) Je ne comprends pas ce qu'il veut dire.
5) J'aurais voulu me marier avec elle.

練習問題 ⑨ ▶ p. 34

1) Venez avec moi.
2) Elle vient d'Italie.

3) Merci d'être venu(e) me voir.
4) Je viens de recevoir votre lettre.
5) Ce mot vient du latin.

練習問題 ⑩ ▶ p. 37

1) Vous devez travailler davantage.
2) Il a dû manquer le train. ／ Il doit avoir manqué le train.
3) Je dois partir pour la France la semaine prochaine.
4) Je lui dois tous mes malheurs.
5) Tu aurais dû me téléphoner.

まとめ ① ▶ p. 38

1 1) 1   2) 2   3) 3   4) 2   5) 1   6) 3   7) 1   8) 2
2 1) 1   2) 3   3) 1   4) 3   5) 3
3 1) 3   2) 1

練習問題 ⑪ ▶ p. 43

1) J'ai pris le train pour aller à Orléans.
2) Qu'est-ce que vous prenez comme dessert ?
3) Il a pris l'habitude de fumer.
4) Prenez votre temps pour manger.
5) On la prend pour une actrice.

練習問題 ⑫ ▶ p. 46

1) J'ai trouvé un chat dans mon jardin.
2) Je ne trouve pas le temps d'aller le voir.
3) Je trouve ce roman ennuyeux.
4) Je trouve qu'il a raison.
5) Son appartement se trouve au bord de la Seine.

練習問題 ⑬ ▶ p. 49

1) Donnez-moi la carte, s'il vous plaît.
2) Voulez-vous me donner vos coordonnées ?
3) Quel âge lui donnez-vous ?
4) Qu'est-ce qu'on donne à la télé ce soir ?
5) Sa maison donne sur la mer.

練習問題 ⑭ ▶ p. 52

1) Il me faut 100 euros avant demain.
2) Combien de temps faut-il pour aller à l'aéroport en voiture ?
3) Il faut l'avertir tout de suite.
4) Il faut que j'aille le chercher à la gare.
5) Il ne faut pas être en retard.

練習問題 ⑮ ▶ p. 55

1) Parlez plus lentement, s'il vous plaît.
2) Il parle beaucoup.
3) Ils parlent très bien le chinois.
4) Marie me parle souvent de son ami.
5) On parle beaucoup de ce film.

練習問題 ⑯ ▶ p. 58

1) Où as-tu mis ton portable ?
2) Il faut mettre une cravate dans ce restaurant.
3) J'ai mis une heure pour venir ici.
4) Mettez-vous à l'aise.
5) Tout à coup, il s'est mis en colère.

練習問題 ⑰ ▶ p. 62

1) Je sais qu'elle est malade.
2) Je ne sais pas quelle heure il est.

練習問題解答　**215**

3) Chloé sait le latin.
4) Ils ne savent pas conduire.
5) Fais-moi savoir tes coordonnées.

練習問題 ⑱ ▶ p. 66

1) Nous sommes passés de Montréal à Ottawa.
2) Le feu est passé au vert.
3) Est-ce que vous avez passé une bonne nuit ?
4) Nous avons passé la frontière en voiture.
5) Nos vacances se sont très bien passées.

練習問題 ⑲ ▶ p. 69

1) Il a regardé sa montre.
2) Elle l'a regardé dans les yeux.
3) Il regarde les gens passer dans la rue.
4) Cette affaire ne vous regarde pas.
5) Elle se regarde comme un génie.

練習問題 ⑳ ▶ p. 73

1) Il aime la musique, surtout la musique classique.
2) Je n'aime pas tellement conduire.
3) J'aimerais bien revoir Paul.
4) J'aimerais que tu me prêtes ton vélo.
5) J'aime mieux le thé que le café.

まとめ ② ▶ p. 74

1　1) 3　2) 3　3) 2　4) 2　5) 1　6) 3　7) 1　8) 2
2　1) 3　2) 2　3) 1　4) 3　5) 3
3　1) 3　2) 3

練習問題 ㉑ ▶ p. 78

1) Il ne me croit pas.
2) Je crois l'avoir déjà rencontré.
3) Je crois qu'il viendra demain.
4) Je ne crois pas qu'il soit malade.
5) Je le crois très honnête.

練習問題 ㉒ ▶ p. 81

1) Il vous demande la permission de partir.
2) Je lui ai demandé de me prêter sa voiture.
3) Il me demande si vous viendrez en France.
4) Je me demande pourquoi elle a dit cela.
5) Cet homme demande à parler.

練習問題 ㉓ ▶ p. 84

1) Je suis resté(e) à la maison le week-end dernier.
2) Restez assis(e)(s) !
3) Il me reste encore cinq euros.
4) Ils restent à bavarder.
5) Il ne te reste plus qu'à renoncer.

練習問題 ㉔ ▶ p. 87

1) Personne ne répond au téléphone.
2) Répondez par écrit, s'il vous plaît.
3) Je ferai de mon mieux pour répondre à votre attente.
4) Elle a répondu oui à cette question.
5) Il a répondu qu'il ne pouvait pas venir.

練習問題 ㉕ ▶ p. 90

1) On entend du bruit dans la rue.
2) Je ne veux plus l'entendre.

3) J'entends pleurer le bébé. ／ J'entends le bébé pleurer.
4) Qu'entendez-vous par ce mot ?
5) Je m'entends très bien avec mon frère.

練習問題 ㉖ ▶ p. 93

1) Je ne pense pas comme vous.
2) Je n'ai pas pensé à cela.
3) Je pense que vous avez raison.
4) Je ne pense pas que ce soit possible.
5) Je pense partir demain matin.

練習問題 ㉗ ▶ p. 96

1) Nous arriverons à Venise demain.
2) Un colis est arrivé pour vous.
3) Hier soir, il est arrivé un accident de voiture à ce carrefour.
4) Il arrive souvent que je me trompe.
5) Je n'arrive pas à le convaincre.

練習問題 ㉘ ▶ p. 99

1) Je connais un très bon café.
2) Je l'ai connue en Angleterre.
3) Connaissez-vous l'anglais ?
4) Il a connu bien des malheurs dans sa vie.
5) Nous nous connaissons depuis longtemps.

練習問題 ㉙ ▶ p. 101

1) Je voudrais devenir joueur de football.
2) Il deviendra ministre un jour.
3) Elle est devenue ma femme.
4) Que veux-tu devenir ?
5) Il devient désormais impossible d'acheter cette voiture.

練習問題 ㉚ ▶ p. 105

1) Je sens le froid.
2) On sent l'hiver venir.
3) Sentez-vous une odeur de gaz ?
4) Ce poisson commence à sentir.
5) Est-ce que vous vous sentez mieux ?

まとめ ③ ▶ p. 106

1 1) 1   2) 2   3) 1   4) 1   5) 3   6) 1   7) 1   8) 2
2 1) 3   2) 2   3) 3   4) 1   5) 2
3 1) 3   2) 2

練習問題 ㉛ ▶ p. 110

1) Ils semblent vraiment surpris.
2) Cet homme semble avoir trente ans.
3) Il me semble qu'elle a tort.
4) Il ne me semble pas qu'il soit coupable.
5) Il semble qu'elle soit fâchée.

練習問題 ㉜ ▶ p. 113

1) Il tient le volant.
2) Tu tiens vraiment à aller là-bas ?
3) Tiens la porte ouverte !
4) Il ne tenait plus debout.
5) Il faut tenir compte de votre santé.

練習問題 ㉝ ▶ p. 117

1) Je comprend l'attitude de mes parents.
2) Il est difficile de comprendre ce film.
3) Je comprends bien pourquoi il a quitté son pays.
4) Cet appartement comprend trois pièces.

5) Je comprends qu'il soit fâché.

練習問題 ㉞ ▶ p. 120

1) Rendez-moi l'argent que je vous ai prêté.
2) Ce roman l'a rendu célèbre.
3) Pouvez-vous me rendre compte de votre voyage en Tunisie ?
4) Nous nous rendons en France le mois prochain.
5) Je me suis enfin rendu compte que c'était très important.

練習問題 ㉟ ▶ p. 123

1) Je vous attendrai pour toujours.
2) J'attends votre lettre avec impatience.
3) Excusez-moi de vous avoir fait attendre.
4) Nous attendons beaucoup de lui.
5) Je ne m'attendais pas à vous rencontrer ici.

練習問題 ㊱ ▶ p. 126

1) Il sort tous les soirs.
2) Ils sont sortis du théâtre à dix heures du soir.
3) Il a sorti ses enfants.
4) Sortez de l'autoroute à Reims.
5) Cédric Klapisch vient de sortir un nouveau film.

練習問題 ㊲ ▶ p. 129

1) J'ai vécu seul(e).
2) Il vivra longtemps.
3) Elle vit avec ses parents à Bruxelles.
4) L'homme ne vit pas seulement de pain.
5) Il a vécu des jours difficiles.

練習問題 ㊳ ▶ p. 131

1) Ils sont entrés dans un restaurant.
2) Elle est entrée à la faculté des lettres.
3) Le monde va entrer en guerre.
4) N'entrez pas trop dans les détails.
5) Entrez votre voiture dans le garage.

練習問題 ㊴ ▶ p. 135

1) N'oubliez pas de reprendre votre parapluie.
2) Elle a repris sa place.
3) Il a repris conscience.
4) Il a repris sa lecture après le dîner.
5) Le froid a brusquement repris.

練習問題 ㊵ ▶ p. 138

1) Elle porte un parapluie bleu.
2) Frédéric porte une cravate jaune.
3) Pouvez-vous porter ce bagage à la réception ?
4) Sa critique porte sur le thème du film.
5) Elle m'a porté bonheur.

まとめ ④ ▶ p. 140

1 1) 1   2) 2   3) 3   4) 1   5) 1   6) 3   7) 1   8) 3
2 1) 1   2) 3   3) 2   4) 1   5) 2
3 1) 3   2) 2

練習問題 ㊶ ▶ p. 143

1) Est-ce que vous avez cherché sous la table ?
2) Elle cherche un emploi.
3) Il vient me chercher tous les matins.
4) Il est allé vous chercher à la gare.

5) Cherchez à la convaincre.

練習問題 ㊷ ▶ p. 146

1) Je reviendrai demain.
2) Le froid est revenu.
3) Fabienne est revenue d'Italie.
4) L'appétit m'est revenu.
5) Je ne voudrais pas revenir sur cette affaire.

練習問題 ㊸ ▶ p. 149

1) Ils ont appelé la police tout de suite.
2) Appelez-moi vers trois heures, s'il vous plaît.
3) Comment s'appelle cette fleur ?
4) On l'appelle « docteur ».
5) On l'appelle en témoignage.

練習問題 ㊹ ▶ p. 151

1) Il est mort à la guerre.
2) Ma mère est morte dans un accident de voiture.
3) Les fleurs sont mortes à cause de la chaleur.
4) Je meurs de faim.
5) Je meurs d'envie de dormir.

練習問題 ㊺ ▶ p. 155

1) Vous partez déjà ?
2) Est-ce que tu pars pour les États-Unis aujourd'hui ?
3) Je pars de Haneda ce soir.
4) Mes parents sont partis en vacances.
5) C'est la deuxième maison à partir de la droite.

練習問題 ㊻ ▶ p. 157

1) Jetez ces chaussures à la poubelle.
2) Ils ont jeté des cris.
3) Il s'est jeté par la fenêtre.
4) Pierre s'est jeté dans les bras de sa mère.
5) Il a jeté son fils dehors.

練習問題 ㊼ ▶ p. 161

1) Mon chien me suit partout.
2) Je ne suis pas votre raisonnement.
3) Elle a suivi un traitement.
4) Ils aiment suivre la mode.
5) Le printemps suit l'hiver.

練習問題 ㊽ ▶ p. 163

1) Écris ton nom sur cette feuille.
2) Il a l'intention d'écrire un roman d'amour.
3) Il nous a écrit du Canada.
4) Il ne sait ni lire ni écrire.
5) Comment ça s'écrit, ce mot ?／Comment écrit-on ce mot ?

練習問題 ㊾ ▶ p. 167

1) Il est monté dans sa chambre.
2) Nous sommes monté(e)s au sommet du mont Fuji.
3) Cet enfant ne sait pas encore monter à vélo.
4) Voulez-vous monter le petit déjeuner dans ma chambre ?
5) Les prix ne cessent pas de monter.（pas は省略可能）

練習問題 ㊿ ▶ p. 171

1) Elle est tombée en courant.
2) Le mur de Berlin est tombé en 1989.

3) Ils sont tombés amoureux.
4) Cette année, Pâques tombe le 1er avril.
5) Il a laissé tomber le tennis.

まとめ ⑤ ▶ p. 172

1 1) 1 2) 2 3) 2 4) 1 5) 3 6) 1 7) 3 8) 1
2 1) 2 2) 3 3) 1 4) 1 5) 2
3 1) 3 2) 3

練習問題 (51) ▶ p. 176

1) Arrêtez cette voiture.
2) J'ai arrêté un passant pour lui demander mon chemin.
3) Il n'arrête pas de parler.
4) Ce voleur a été arrêté le lendemain.
5) Ce train ne s'arrête pas à Nancy.

練習問題 (52) ▶ p. 179

1) Il paraît fatigué.
2) Elle paraît (avoir) vingt ans.
3) Quand est-ce que ce livre paraîtra ?
4) Il paraît qu'il s'est marié l'année dernière.
5) Il me paraît impossible de refuser cette proposition.

練習問題 (53) ▶ p. 182

1) Permettez-moi de vous présenter Monsieur Durand.
2) Sa santé ne lui permet pas de partir en vacances.
3) Elle ne permet pas que nous nous voyions souvent.
4) Il vous est permis de refuser.
5) Je me permettrai de vous contredire.

練習問題 ㊴ ▶ p. 185

1) Il m'a servi un excellent vin.
2) Ce livre m'a beaucoup servi.
3) Cette table sert de bureau.
4) Je ne me sers pas de ce dictionnaire.
5) Sers-toi de café.

練習問題 ㊵ ▶ p. 188

1) Ce peintre a fini sa vie dans la misère.
2) Finissez de vous disputer.
3) Le concert finira à neuf heures.
4) Je finirai par me fâcher.
5) Elle n'en finit pas de pleurer.

練習問題 ㊶ ▶ p. 191

1) Permettez-moi de vous présenter mon mari.
2) Voulez-vous me présenter votre passeport ?
3) Chanel présente sa nouvelle collection.
4) Je vous présente toutes mes condoléances.
5) Il s'est présenté comme maire.

練習問題 ㊷ ▶ p. 194

1) Il apprend le français tout seul.
2) J'ai appris à être patient(e).
3) Je vais t'apprendre à jouer du piano.
4) Il apprend l'anglais à ses élèves.
5) Je viens d'apprendre cette nouvelle à la télé.

練習問題 ㊸ ▶ p. 197

1) Il aime compter de l'argent.
2) Il faut compter une semaine pour finir ce travail.

3) Je compte visiter la France l’année prochaine.
4) Ce qui compte, c’est de faire de son mieux.
5) Tu peux compter sur moi.

練習問題 (59) ▶ p. 200

1) Elle travaille à mi-temps.
2) Mon frère travaille dans un bureau.
3) Je travaille en usine depuis trois ans.
4) Il travaille comme informaticien.
5) Travaillez bien vos mathématiques.

まとめ ⑥ ▶ p. 202

1	1) 2	2) 1	3) 2	4) 1	5) 2	6) 1	7) 3	8) 2
2	1) 2	2) 2	3) 3	4) 1	5) 1			
3	1) 3	2) 1						

動詞 alphabet 順索引

	page		
aimer	70	paraître	177
aller	21	parler	53
appeler	147	partir	153
apprendre	192	passer	63
arriver	94	penser	91
arrêter	174	permettre	180
attendre	121	porter	136
avoir	6	pouvoir	18
chercher	142	prendre	40
comprendre	115	présenter	189
compter	195	regarder	67
connaître	97	rendre	118
croire	76	reprendre	133
demander	79	rester	82
devenir	100	revenir	144
devoir	35	répondre	85
dire	14	savoir	59
donner	47	sembler	108
écrire	162	sentir	103
entendre	88	servir	183
entrer	130	sortir	124
être	2	suivre	159
faire	10	tenir	111
falloir	50	tomber	168
finir	186	travailler	198
jeter	156	trouver	44
mettre	56	venir	32
monter	165	vivre	127
mourir	150	voir	25
		vouloir	28

227

著者略歴

藤田 裕二（ふじた ゆうじ）
玉川大学教授
NHKラジオ・フランス語講座講師（2007年，2012年）
著書：
『東京-パリ，フランス語の旅』（共著，駿河台出版社）
『ことたびフランス語』（白水社）
『フランス語スタートBook』（ナツメ社）
『フランス語DVDでアン・ドゥ・トロワ』（朝日出版社）
『言いたいことが言える，書きたいことが書けるフランス語の作文』（共著，三修社）他

小林 拓也（こばやし たくや）
慶應義塾大学，早稲田大学他講師
校訂・解説：
J.-J. Rousseau, *Œuvres complètes*, vol. 11, Genève et Paris, 2012.
論文：
« Traces des pérégrinations de Rousseau dans ses écrits sur la botanique », dans *Vitam impendere vero*, Genève et Paris, 2012, pp. 151-180. 他

フランス語　最強の使える動詞59
（CD付）

藤田　裕二　著
小林　拓也

2013．6．1　初版発行
2013．12．1　2刷発行

発行者　井田洋二

〒101-0062　東京都千代田区神田駿河台3の7
発行所　電話 03(3291)1676　FAX 03(3291)1675　株式会社　駿河台出版社
　　　　振替 00190-3-56669

製版／印刷　㈱フォレスト
ISBN978-4-411-00529-8 C0085
http://www.e-surugadai.com